Tu's Maul auf!

Volkmar Joestel

Tu's Maul auf!

Was Luther wirklich gesagt hat

Mit Illustrationen von Marie Geißler

EVANGELISCHE VERLAGSANSTALT
Leipzig

Volkmar Joestel, Dr. phil., Jahrgang 1950, studierte Geschichtswissenschaft in Leipzig und war seit 1976 in Wittenberg in verschiedenen Funktionen mit reformationsgeschichtlichen Forschungen befasst, von 1998 bis 2011 als Bereichsleiter Sammlungen/Forschungen der Stiftung Luthergedenkstätten in Sachsen-Anhalt. Heute lebt er als freier Publizist in Wittenberg.

Bibliographische Information der Deutschen Nationalbibliothek
Die Deutsche Nationalbibliothek verzeichnet diese Publikation in der Deutschen Nationalbibliographie; detaillierte bibliographische Daten sind im Internet über http://dnb.dnb.de abrufbar.

Printed in Germany · H 7666

Das Buch wurde auf alterungsbeständigem Papier gedruckt.

Gesamtgestaltung: Formenorm · Friederike Arndt · Leipzig
Coverillustration: Marie Geißler, Berlin
Druck und Binden: BELTZ Bad Langensalza GmbH

ISBN 978-3-374-03353-9
www.eva-leipzig.de

Einleitung

Im Jahr 2017 wird weltweit des 500. Jahrestages des Beginns der Reformation gedacht werden. Am 31. Oktober 1517 hat Martin Luther der Überlieferung zufolge 95 Thesen gegen den Ablassmissbrauch an die Tür der Wittenberger Schlosskirche angeschlagen. Das Wissen darum gehört heute zum Bildungskanon. Nun gibt es aber seit 1961 unter den Historikern einen Streit, ob dieser Thesenanschlag überhaupt stattgefunden hat oder nicht. Es wurden (vor allem von katholischen Kirchenhistorikern) gute Gründe dagegen und (vor allem von evangelischen Historikern) mindestens genauso viele gute Gründe dafür formuliert – bewiesen wurde bis heute weder das eine noch das andere. Luther selbst hat nie erwähnt, dass er seine Ablassthesen an Wittenberger Kirchentüren angeschlagen habe. Das ist insofern eine wichtige Beobachtung, als er sich doch sonst, vor allem in seinen von Freunden überlieferten Tischreden, an Episoden aus seinem Leben erinnerte, die viel nebensächlicher waren als ein eventueller Thesenanschlag. Als erster sprach Philipp Melanchthon 1547, also nach

Luthers Tod am 18. Februar 1546, von einem Anschlag der Thesen. Er selbst war aber erst 1518 nach Wittenberg gekommen. Einiges spricht also in der Tat dafür, dass die Behauptung eines Thesenanschlags in der Zeit der beginnenden Konfessionalisierung der Monumentalisierung des Reformators dienen sollte.

Wir betreten also schon mit dem Beginn der Reformation das weite Feld der Mythen, die sich um Luthers Leben und Werk ranken. Neben dem Thesenanschlag gehören beispielsweise Erzählungen von Luthers Herkunft, Geschichten um seinen Vater, die Umstände seines Klostereintritts, der Wurf mit dem Tintenfass nach dem Teufel auf der Wartburg, der Auftritt auf dem Wormser Reichstag 1521 sowie Berichte über Luthers Tod dazu, ganz zu schweigen von einer Vielzahl regionaler Luthersagen, die oftmals traditionelle Märchenmotive aufgenommen haben. Aber auch mancher uns bekannte »Lutherspruch« hat mythologische Hintergründe.

Bisweilen erweisen sich Mythen als stärker und zählebiger als alle exakten Erkenntnisse der Historiker. Mythen sind verdichtete Menschheitserfahrungen. Sie dienten und dienen der Selbstverständigung der Menschen über ihre eigene Lebenssituation, indem sie auf überlieferte Figuren, Bilder und Geschichten zurückgreifen, sie modifizieren und in ihren Dienst stellen. Dabei ist es unerheblich, ob Mythen einen realen Kern haben oder nicht. »Ein Mythos ist also wahr, weil er wirkt, nicht weil er uns faktische Informationen liefert« (Karen Armstrong).

Die Auseinandersetzungen um die Reformation wurden in den Augen der Zeitgenossen schon bald zu einem Kampf zwischen Gut und Böse schlechthin, zum Kampf zwischen Gott und Satan bzw. Christus und dem Antichristen. Das entsprach Luthers Vergleich der menschlichen Seele mit einem Reittier, dessen Reiter entweder Gott oder der Teufel ist: »So ist der menschliche Wille in die Mitte gestellt (zwischen Gott und den Satan) wie ein Reittier. Wenn Gott sich darauf gesetzt hat, will er und geht, wohin Gott will, wie der Psalm (73, 22f.) sagt: ›Ich bin wie ein Tier geworden, und ich bin immer bei dir.‹ Wenn Satan sich darauf gesetzt hat, will und geht er, wohin Satan will. Und es steht nicht in seiner freien Entscheidung, zu einem von beiden Reitern zu laufen.«[1]

Fast alle religiösen, ideologischen und moralischen Gegensatzpaare waren schon in den frühen Jahren der Reformation ausgeprägt. Auf der Seite seiner Anhänger wurde Luther zum Bruder und Mitapostel Christi, Werkzeug Gottes, neuen Propheten Daniel oder Elia, Engel der Offenbarung, Retter der Christenheit und deutschen Herkules stilisiert. Die Reformatoren stellten sich selbst von Anfang an in die Tradition alttestamentlicher Propheten oder neutestamentlicher Apostel. Luther gründete seine Rechtfertigungslehre vor allem auf die Gedanken des Apostels Paulus. Daher wurde er von seinen Anhängern schon früh mit diesem verglichen. Auch fanden sich bereits in der frühesten Lutherverehrung wesentliche Elemente der Heiligenverehrung, obwohl der Reformator diese abgelehnt und die alten erbaulichen Heiligenlegenden als »Lügenden« entlarvt hatte.

Luthers altgläubige Gegner sahen in ihm wahlweise einen falschen Propheten, eine Ausgeburt des Satans, einen Erzketzer, einen Verführer und Verderber der Christenheit oder als neuen Catilina einen Vater allen Aufruhrs wider die von Gott gesetzten Obrigkeiten. Bis weit in das 19. Jahrhundert hinein zog sich durch die katholische Polemik auch das bizarre Bild eines unmäßigen Säufers und Fressers, eines geilen Mönchs, Hurenbocks und Nonnenschänders. Zur Ehre der katholischen Lutherforschung ist zu konstatieren, dass diese Aspekte des Luthermythos seit 1945 kaum noch eine Rolle spielen.

Im Zuge der Aufklärung wurde Martin Luther zum Vorkämpfer der Gewissensfreiheit. Er wurde nun selbst »säkularisiert« und nach den Napoleonischen Kriegen in die preußisch-deutsche Heldengalerie eingereiht, besonders seit dem Reformationsjubiläum 1817. Das »Heldische« aber wird gerade durch den Heldenmythos konstituiert. Alle diese deutschen Heroen kamen aus dem Dunkel und stiegen urplötzlich zu Rettern auf, waren zumeist von kraftstrotzender Jugend und immer Vollstrecker des göttlichen Willens. Ein eher amüsanter Aspekt dieser Heroisierung war die gleichzeitige Stilisierung zum biederen deutschen Haus- und Familienvater mit Weihnachtsbaum und Laute.

Im Spannungsfeld dieser Auseinandersetzungen wurden dem Reformator auch viele tiefgründige oder drastische Aussprüche in den Mund gelegt, die er so nie gesagt oder geschrieben hat. Wer kennt nicht den einen oder anderen? In Worms soll er die mutige Verteidigung seiner Lehre mit den Worten beendet haben: »Hier stehe ich, ich kann nicht anders, Gott helfe mir. Amen!« Die Prediger forderte er auf: »Tritt frisch auf, tu's Maul auf, hör bald auf!« Luthers Glaubenszuversicht belegen die Aussprüche »Des Christen Herz auf Rosen geht, wenn's mitten unterm Kreuze steht.« sowie »Niemand lasse den Glauben daran fahren, dass Gott an ihm eine große Tat will.« Als Sinnspruch seines Gottvertrauens gilt: »Wenn ich wüsste, dass morgen die Welt unterginge, würde ich heute noch ein Apfelbäumchen pflanzen.« Als Belege für Luthers Freude an der Welt als Gottes guter Schöpfung werden gern seine angeblichen Sprüche angeführt »Wer nicht liebt Wein, Weib und Gesang, der bleibt ein Narr sein Leben lang« oder »In der Woche zwier [zwei Mal Geschlechtsverkehr], macht im Jahre hundertvier, schadet weder mir noch dir.« Weithin bekannt ist auch der Tischspruch »Ihr rülpset und furzet nicht, hat es euch nicht geschmecket?«

Alle diese Worte hat Luther aber nie gesagt oder geschrieben, zumindest nicht in der überlieferten Form. Der Überlieferungsgrad der unechten Aussprüche des Reformators ist sehr unterschiedlich. Es gibt fast authentische Luthersprüche, die von späteren Bearbeitern nur konzentriert und in kompaktere Form gebracht worden sind, beispielsweise in Reime. Dann gibt es Sprüche, die man später erfunden hat, um sie dem Reformator in den Mund zu legen; und zwischen beiden Formen gibt es alle denkbaren Abstufungen.

Auch sei betont, dass viele unechte Sprüche die Erfahrungen Luthers, seine Empfindungen und sein Denken gewissermaßen kompakt und konzentriert zum Ausdruck bringen: Wenn er es nicht gesagt hat, hätte er es immerhin sagen können! Zudem teilt uns Luther viele Aussprüche mit, die diesen unechten Worten wesensverwandt, manchmal sogar noch typischer und schöner sind. Auch mit diesen authentischen Aussprüchen soll der Reformator zu Wort kommen.

1. »Hier stehe ich!« –
Mut und Zivilcourage

Schon 1517 äußerte Martin Luther in einer Predigt: »Wo Christus ist, geht er allzeit wider den Strom.«[2], also gegen alle Gewohnheit, alle Traditionen, alle menschlichen Anmaßungen und Machtansprüche, auch und vor allem kirchliche. Um eine solche Position durchzuhalten, bedarf es großen Mutes. Das bedeutet aber nicht, keine Angst zu haben, sondern diese im Vertrauen auf Gott zu überwinden. Bei Luther wurde das in den ersten Jahren der Reformation sichtbar, als sich zwischen 1518 und 1520 seine angstvolle Ahnung zur Überzeugung verdichtet hatte, dass das Papsttum der in der Bibel geweissagte Antichrist sei. Er herrsche bereits seit 500 Jahren. Erst die Wiederkunft Christi am Jüngsten Tage und die Aufrichtung des Gottesreiches, von denen Luther glaubte, sie stünden unmittelbar bevor, würden dieser satanischen Herrschaft ein Ende bereiten.

Mit der Verbrennung des Kirchenrechts und der Bannandrohungsbulle am 10. Dezember 1520 hatte er diese Überzeugung öffentlich demonstriert. Am 3. Januar 1521 gab der Papst mit der Bannung Luthers die Antwort, die nun nach Reichsrecht den Kaiser verpflichtete, den gebannten Ketzer sofort zu ächten. Auf dem etwa zur gleichen Zeit beginnenden Wormser Reichstag gab es jedoch mächtige Reichsstände, allen voran der sächsische Kurfürst Friedrich der Weise, die das zu verhindern trachteten und durchsetzten, dass Luther vorher verhört würde. Wohl am 2. April trat dieser die Reise an. Von Frankfurt aus schrieb Luther an Friedrich den Weisen: »Wenn so viele Teufel zu Worms wären, wie Ziegel auf den Dächern, wollte ich doch hinein!«[3] Am 16. April zog Luther in Worms ein, begrüßt von etwa 2000 begeisterten Menschen.

Am 17. April morgens legten der päpstliche Gesandte Aleander und der kaiserliche Beauftragte Glapion das Vorgehen fest: Luther solle nur Fragen beantworten, keine Statements abgeben. Am Nachmittag wurde er dem Reichstag vorgeführt. Das Verhör führte der Offizial des Erzbischofs von Trier, Johann von der Ecken. Zwei Fragen solle Luther beantworten: Ob die auf einer Bank aufgestapelten Bücher seine seien und ob er etwas aus ihnen widerrufen wolle. Noch vor Luthers Antwort forderte sein Rechtsbeistand Hieronymus Schurff die Verlesung der Titel, was auch erfolgte. Luther antwortete erst deutsch, dann latein, mit leiser Stimme, daher schlecht zu verstehen: Es seien seine Bücher. Da es sich um Dinge des Glaubens und des Seelenheils handele, erbitte er Bedenkzeit. Ob das einer plötzlichen Verzagtheit entsprang oder vorher festgelegte Taktik war, ist bis heute nicht sicher. Nach der Beratung des

Kaisers mit den Fürsten einerseits und der Ermunterung Luthers durch Freunde andererseits gestand Ecken einen Tag Bedenkzeit zu.

Am nächsten Tage antwortete Luther auf die erneute Frage, ob er aus seinen Büchern etwas widerrufen wolle, mit seiner berühmten Rede. Er teilte seine Pamphlete zunächst in Kampfschriften gegen das Papsttum, Streitschriften gegen Feinde und erbauliche Schriften ein. Er gestand zwar zu, in den polemischen Schriften heftiger gewesen zu sein als es einem Mönch gezieme. Jeglichen Widerruf seiner Lehren lehnte Luther jedoch entschieden ab. Er beendete seine Rede mit der klaren Verweigerung des Widerrufs: »Es sei denn, dass ich durch das Zeugnis der Schrift überwunden werde oder aber durch klare Ursachen; denn ich glaube weder dem Papst noch den Konzilien allein, weil es am Tag ist, dass dieselben mehrmals geirrt und wider sich selbst geredet haben … Ich bin überwunden durch die Schriften, so von mir geführt, und gefangen im Gewissen an dem Wort Gottes. Deshalb ich nichts mag, noch will widerrufen, weil wider das Gewissen zu handeln beschwerlich, unheilsam und gefährlich ist. Gott helf mir, Amen.«[4] Das ist der in den Reichstagsakten überlieferte authentische Wortlaut.

Nun weiß jeder, dass Luther seine Rede etwas anders beendet hat, nämlich: »Hier stehe ich, ich kann nicht anders. Gott helfe mir! Amen«. Jedoch sind diese Worte Legende. Entstanden sind sie durch die bis auf den heutigen Tag sattsam bekannten Bestrebungen von Journalisten, mit reißerischen Texten die Verkaufszahlen zu erhöhen. Das gab es also schon damals. Luthers Auftritt in Worms war *die* Pressesensation der Reformationszeit schlechthin. Über kein anderes Ereignis sind unmittelbar danach so viele Flugschriften erschienen, 24 deutsche und vier lateinische. In den meisten steht die kürzere Fassung des Abschlusses von Luthers Verteidigungsrede, deutsch in leicht variierten Formen: »Gott helfe mir« oder »Gott komm mir zu Hilfe« oder »Das helfe mir Gott«. In den lateinischen Fassungen heißt es »Deus adjuvet me«.

Lediglich in drei Drucken aus Luthers Wirkungsort Wittenberg, einem lateinischen und zwei deutschen, haben die Berichterstatter den Schluss verlängert zu: »Ich kann nicht anders. Hier stehe ich. Gott helfe mir. Amen«. Erst 1546 wurden diese Worte im zweiten Band der Wittenberger Ausgabe von Luthers Schriften zu dem bekannten Ausspruch umgestellt. Von dort nahmen sie ihren Lauf als geflügeltes Wort.

Es sei noch darauf hingewiesen, dass die Sentenz »Gott helfe mir« zwar zweifelsohne auch Luthers Gottvertrauen beim Bekenntnis zu seiner Lehre beinhaltet. Jedoch ist sie eigentlich zunächst nur die deutsche Übersetzung des lateinischen »Deus adjuvet me«. Und das war nichts anderes als eine alte Eidesformel des römischen Rechts. Mit diesem Ausspruch hat Luther also nur seinen Status als weltlicher Untertan des Kaisers dokumentiert.

Der Bekennermut des Reformators vor dem Reichstag sollte eine lebenslange Grundhaltung bleiben. Solchen Mut sollte jeder Mensch aufbringen, wie der Reformator 1526 in einer Predigt riet. Er kritisierte, dass im realen Leben die Freiheit immer die Freiheit der Mächtigen sei, wofür er aber auch mangelnde Zivilcourage der Untertanen verantwortlich machte: »Wir sind frei zu strafen, wenn die Person gering ist, die wir verachten. Da ist der üblen Nachrede und Schmähens viel, dass es kein Ende hat, da überschütten wir ihn mit ganzen Fudern Scheltworten. Wenn es sich aber um eine bedeutende Persönlichkeit handelt, einen Herrn oder meinen Freund, und ich deshalb mit Missgunst oder Schaden rechnen muss und fürchten, er würde zürnen, da schnitzte ich die Worte dünn, mache es glimpflich, kann wohl schmeicheln und mit der Wahrheit unter der Bank bleiben. Aber von dem gerechten Manne steht im 15. Psalm folgendes: ›Verachtet sind ihm die Untüchtigen. Aber er ehret die, die den Herrn fürchten‹, denn der Gerechte sieht nicht die Person an. Sieht er einen, der Strafe bedarf, so straft er ihn, er sei groß oder klein, unangesehen, ob es ein Fürst, Herr oder Knecht sei. Er tut die Augen zu, sieht weder Schwester noch Bruder an, weder Freundschaft noch Gewalt, sieht allein den an, der im Himmel ist … Er geht hindurch, er heuchelt nicht, so verachtet er auch Niemanden. Da gehört ein großer und starker Glaube dazu, dass einer so frei sei in der Rede, dass er nicht fürchte, der Bauch und der Brotkorb müsse Schaden leiden. Der Glaube muss wacker sein zu solchen aufrechten Worten.«[5]

Manchmal ist Mut vor den Freunden von größerer Tapferkeit, als vor den Feinden. Solchen Mut hat Luther sogar seinem eigenen Kurfürsten gegenüber bewiesen. Während er nach dem Wormser Reichstag von Friedrich dem Weisen auf der Wartburg versteckt wurde, begannen seine Wittenberger Anhänger mit Reformen in der Gemeinde. Dabei kam es auch zu Tumulten und Angriffen auf altgläubige Priester. Um die Gefahr offenen Aufruhrs zu bannen, sah sich Luther Anfang März 1522 genötigt, nach Wittenberg zurückzukehren. Der Kurfürst hatte ihm seinen Schutz in Aussicht gestellt. Dies wiederum veranlasste den selbstbewussten Reformator, dem Kurfürsten in einem Brief klarzumachen, dass er dessen Schutzes gar nicht bedürfe: »Von meiner Sache aber, gnädigster Herr, antworte ich also: E. K. F. G. [Eure Kurfürstliche Gnaden] weiß, oder weiß sie es nicht, so lass sie es ihr hiermit kund sein, dass ich das Evangelium nicht von Menschen, sondern allein vom Himmel durch unsern Herrn Jesus Christus habe … Ich komme gen Wittenberg in gar viel einem höheren Schutz denn des Kurfürsten. Ich hab's auch nicht im Sinn, von E. K. F. G. Schutz zu begehren. Ja, ich glaube, ich wolle E. K. F. G. mehr schützen, als sie mich schützen könnte. Dazu, wenn ich wüsste, dass mich E. K. F. G. könnte und wollte schützen, so wollte ich nicht kommen. Dieser Sache soll noch kann kein Schwert raten oder helfen; Gott muss hier allein schaffen, ohne alles menschliche Sorgen und Zutun. Darum, wer am meisten glaubt, der wird hier am meisten schützen. Dieweil ich denn nun spüre, dass E. K. F. G. noch gar schwach ist im Glauben, kann ich keineswegs E. K. F. G. für den Mann ansehen, der mich schützen oder retten könnte. Dass nun E. K. F. G. begehrt zu wissen, was sie tun solle in dieser Sache, zumal sie erachtet, sie habe viel zu wenig getan, antworte ich untertäniglich: E. K. F. G. hat schon allzuviel getan und sollte gar nichts tun. Denn Gott will und kann nicht dulden E. K. F. G. oder mein Sorgen und Treiben. Er will's ihm belassen haben, so und nicht anders – da mag sich E. K. F. G. nach richten. Glaubt E. K. F. G. dies, so wird sie sicher sein und Frieden haben; glaubt sie nicht, so glaube doch ich und muss E. K. F. G. Unglauben lassen seine Qual in Sorgen haben, wie sich's gebührt allen Ungläubigen zu leiden.«[6]

2. »Tu's Maul auf!« –
die öffentliche Rede

Gelegentlich findet man auf Kanzeln lutherischer Kirchen, besonders auf der Innenseite von Kanzeltüren – gewissermaßen als Mahnung an den Prediger – den angeblichen Lutherspruch: »Tritt frisch auf, tu's Maul auf, hör bald auf!«

Es geht also um die öffentliche Rede und das, was sie auszeichnen sollte. Für Luther war öffentliche Rede natürlich zuförderst die Predigt, also die Verkündigung des »lauteren Gottesworts«. Es sind 2082 Predigttexte oder Predigtkonzepte des Reformators überliefert. Das ergibt bei einem Zeitraum von 32 Jahren (1514-1546) durchschnittlich 65 Predigten pro Jahr.

Die allgemeinen Hintergründe für das apokryphe Lutherwort finden sich in seinem Predigtverständnis. Das griechische Urwort des Neuen Testaments für Predigt »χηρυσσειν« (chäryssein) bedeutet die Kundgabe von etwas Außerordentlichem. Sie entzieht sich also aller Routine, ist mithin der eigentliche Ort, wo das Reich Gottes schon auf Erden gegenwärtig ist. Argumentation und Rhetorik sind dann zweitrangig. Paulus wisse nichts, als den gekreuzigten Christus, mit dem seine Jünger sich selbst kreuzigen müssten: »So kommt der Glaube aus der Predigt« (Römerbrief 10, 17). Das Predigtamt war für Luther folglich ein einzigartiges, schwer belastendes, gefährliches Amt, das besonders unter Jesu Drohung stand, dass wir von jedem unnützen Wort Gott Rechenschaft geben müssen (Matthäus 12, 36).

Das Gotteswort sei klar und lauter und für jeden Christen verständlich. In der Kirchenpostille beschrieb Luther das so: »Das Evangelium ist so klar, dass es nicht viel Auslegens bedarf, sondern es will nur wohl betrachtet, angesehen und tief zu Herzen genommen sein.«[7] Stärke jeder Predigt muss es also sein, Wesentliches in kurzer und prägnanter Form auszudrücken: »Einfältig zu predigen ist eine große Kunst.«[8] Als Beispiele nannte der Reformator immer wieder die Gleichnisse Jesu. In den Tischreden erklärte Luther, dass er sich nicht an den Universitätsgelehrten, sondern an seinem »Hänslein und Elslein« (also den Kindern) orientiere. Es gelte also, den biblischen Inhalt in die deutsche Ausdrucksweise und Vorstellungswelt der Zeit zu »übersetzen«. In seinem »Sendbrief vom Dolmetschen« von 1530 brachte der Reformator seinen Grundsatz noch klarer auf den Punkt: »Man muss die Mutter im Hause, die Kinder auf der Gasse, den gemeinen Mann auf dem Markt darum fragen und denselbigen auf das Maul sehen, wie sie reden, und danach dolmetschen.«[9]

Daraus leiten sich auch die konkreten Hintergründe für die Entstehung von Luthers geflügeltem Wort ab: Seit 1523 war sein Freund und Mitstreiter Johannes Bugenhagen (nach seiner Heimat auch Doktor Pommer oder Pomeranus genannt) offizieller Stadtpfarrer in Wittenberg. Seine Predigten waren ob ihrer Länge berüchtigt und gefürchtet. Berichtet wird z. B. von einer sechsstündigen Predigt. Während Bugenhagen vom Herbst 1530 bis Frühjahr 1532 in Lübeck die Reformation organisierte, vertrat ihn Luther einmal mehr im Predigtamt. Diese Predigten erschienen 1532 im Druck. In ihnen hat Luther, wohl mit Seitenblick auf die Predigtpraxis Bugenhagens, folgendes gesagt: »Denn das sind die drei Stücke, die – wie man sagt – zu einem guten Prediger gehören: Zum ersten, dass er auftritt, zum zweiten, dass er den Mund auftut und etwas sagt, zum dritten, dass er auch aufhören kann.«[10] Etwa zur gleichen Zeit äußerte Luther in der Tischrunde seinen Missmut über Bugenhagens lange Predigten. Konrad Cordatus berichtet 1532: »Doktor Martin Luther verbot den Predigern, sie sollten die Zuhörer ja nicht martern und aufhalten mit langen Predigten; ›denn die Lust zuzuhören‹, sprach er, ›vergehet ihnen; so tun ihnen die Prediger selbst Wehe und Gewalt an mit langen Predigten.‹ Darum strafte er Doktor Pommern um seines langen Predigens willen, das er doch nicht vorsätzlich tat, sondern aus Irrtum und Gewohnheit.«[11] Johannes Mathesius teilte 1540 eine scherzhafte Bemerkung Luthers über Bugenhagen mit: »Als eine Ehefrau ihrem Ehemann eine nicht gut gekochte Speise vorsetzte, sagte er [Luther]: ›O, ich meinte, es würde Pommer heute predigen!‹ «[12] Damit spielte er auf Bugenhagens lange Predigten an, die den Frauen keine Zeit zum Kochen ließen.

Ebenfalls 1540 berichtet Veit Dietrich in einer Nachschrift von Luthers Tischreden: »Konrad Cordatus [wandte sich] an Doktor Martin Luther: ›Hochwürdigster Herr Vater, lehret mich eine kurze Weise zu predigen.‹ – Luther antwortete kurz: ›Erstlich müsset ihr lernen aufsteigen zur Kanzel; zum andern, dass ihr auch wisset eine Zeit lang darauf zu verharren; zum dritten, lernet auch wieder herunter zu steigen.' Diesem Wort fügte er nichts mehr hinzu, dass auch Cordatus schier erzürnte, doch schließlich gab er [Cordatus] zu, er [Luther] würde es wahrlich getroffen haben. Und wer nach dieser Ordnung handelt, wird ein guter Prediger sein: Erstlich, dass er lerne hinaufsteigen, das heißt, dass er eine gerechte und göttliche Redegabe habe. Zum andern, dass er lerne, eine Zeit lang darauf zu bleiben, das bedeutet, dass er eine reine und aufrichtige Lehre habe. Zum dritten, und lerne auch wieder herabsteigen, das bedeutet, dass er nicht über die Zeit predigt, was auch [am] Pomeranus übel gefällt.«[13]

3. »Des Christen Herz auf Rosen geht« –

Christi Kreuz und Gottes Gnade

Der Luther in den Mund gelegte bildhafte Spruch »Des Christen Herz auf Rosen geht, wenn's mitten unterm Kreuze steht« ist eine volkstümliche Zusammenschau von drei zentralen Aspekten seiner reformatorischen Erkenntnis, des »solus Christus« (allein durch Christus – wird der Weg zum Heil gewiesen), des »sola fide« (allein durch Glauben – wird der Mensch des Heils gewiss) und des »sola gratia« (allein durch Gnade – wird der sündige Mensch gerettet). Zentral am Christusgeschehen ist für Luther der Kreuzestod des Gottessohnes. Durch ihn hat Christus Gnade und ewiges Heil für alle Menschen erworben, die fest daran glauben.

Aber auch dieser »Lutherspruch« ist bei dem Reformator nirgends zu finden, dafür aber beispielsweise in Sandstein gemeißelt über einem Nordtor seiner Wittenberger Predigtkirche.

Sicher soll der Spruch auch an Luthers »Wappen«, die Lutherrose erinnern. Bereits Luthers Vorfahren trugen ein altes Wappen, in dem Rosen vorkamen. Der Reformator selbst hat das alte Familienwappen nie verwendet. Hingegen benutzte er bereits seit 1517 eine stilisierte Rose, zunächst als Briefsiegel, erstmals in einem Briefe vom 27. Januar 1517 an seinen Nürnberger Freund Christoph Scheurl, später auch als Bücherzeichen zum Schutz gegen Raubdrucke seiner Bücher, erstmals 1524 im zweiten Teil des Alten Testaments. Später erschien die Lutherrose auch als Bestandteil von Titelbordüren seiner Schriften. Es heißt, dass der Reformator die Lutherrose dem alten Familienwappen entnommen habe. Diese nicht auszuschließende, aber auch durch nichts bewiesene Behauptung stammt von David Keil 1731.

Kurprinz Johann Friedrich initiierte 1530 vom Augsburger Reichstag aus, dass Luther in Nürnberg ein Siegelring mit der Rose geschnitten wurde. Auf der Rückreise überreichte er dem Reformator auf der Veste Coburg am 14. September 1530 den Ring, dessen Herstellung in Nürnberg wohl auch der Anlass für Scheurls Anfrage an Luther zur Erklärung der Lutherrose war. Luther beschrieb seinem Freunde die Symbolik seines Wappens so: »Weil ihr begehrt zu wissen, ob meine Petschaft recht getroffen sei, will ich euch meine ersten Gedanken ..., die ich auf meine Petschaft als ein Merkzeichen meiner Theologie wollt fassen, anzeigen. Das erste sollte ein Kreuz sein, schwarz im Herzen, das seine natürliche Farbe hätte, damit ich mir selbst Erinnerung gäbe, dass der Glaube an den Gekreuzigten uns selig macht. Denn so man von Herzen glaubt, wird man gerecht ... Solch Herz aber soll mitten in einer weißen

Rose stehen, anzeigen, dass der Glaube Freude, Trost und Friede gibt … Darum soll die Rose weiß und nicht rot sein; denn weiße Farbe ist der Geister und aller Engel Farbe. Solche Rose steht im himmelfarbenen Feld, dass solche Freude im Geist und Glauben ein Anfang ist der himmlischen Freude zukünftig … Und um solch Feld einen goldenen Ring, dass solche Seligkeit im Himmel ewig währet und kein Ende hat und auch köstlich über alle Freude und Güter, wie das Gold das edelste, köstlichste Erz, ist.«[14]

Es war wohl auch diese Symbolik, die später zur Entstehung des Verses »Des Christen Herz auf Rosen geht, wenn's mitten unterm Kreuze steht« führte. Zwar hat Luther häufiger die auch in seiner Sprichwörtersammlung zu findende Metapher »auf Rosen gehen« verwendet, jedoch nie in diesem Zusammenhang. Der erste, der Luther den Ausspruch in den Mund legte, war 1601 der Wittenberger Historiker Balthasar Mentz. Auf einem Universitätskatheder sei die Lutherrose anstelle des alten Familienwappens zu sehen. Mentz schreibt, Luther habe »nur eine weiße Rose im himmelblauen Schilde mit einem grünen Kränzlein umgeben, und mitten in der Rose ein Herz, und auf dem Herzen ein gülden Kreuz malen, und dazu also schreiben und drucken lassen: Des Christen Herz auf Rosen geht, wenn's mitten unterm Kreuze steht.«[15] Ab 1627 erschien in vielen Auflagen die «Christliche Kreuz-Schule« von Valentin Wudrian, in der der Spruch gleichfalls als bei Luthers Wappen stehend beschrieben wurde. Ob Wudrian sein Wissen aus Mentz oder aus eigener Anschauung hatte, bleibt offen. Immerhin hatte er 1606 in Wittenberg den Magistertitel erworben, konnte also durchaus noch das von Mentz beschriebene Katheder selbst gesehen haben. 1658/59 übernahm Johann Martin Luther I den Spruch in die älteste Stammtafel der Familie, die »Consilia« und 1717 wiederholte ihn Matthäus Faber. Nun wurde er zum geflügelten »Lutherwort«.

PRO
ME

4. »... dass Gott an ihm eine große Tat will« – Gott und Mensch

Die unmittelbare Beziehung zwischen Mensch und Gott bzw. zwischen Mensch und Christus hat Luther durch zwei lateinischen Worte ausgedrückt: »Pro me« (für mich) oder »pro nobis« (für uns) – ist Christus am Kreuz gestorben und hat damit für mich/uns das ewige Heil erworben. Es geht also nicht darum, dass die Christen an die Wahrheit der in den Evangelien verkündeten Nachrichten über Christi Leben und Tod glauben, sondern eben daran, dass er für mein/unser Seelenheil gestorben ist, dass Gott daher für jeden einzelnen Menschen tiefe Liebe und Zuneigung empfindet. Wohl am schönsten hat der Reformator das so ausgedrückt: »Gott ist ein glühender Backofen voller Liebe, der da reicht von der Erde bis an den Himmel.«[16] In der »Adventspostille« von 1522 erklärte er: »Das ist der Glaube, welcher auch allein der christliche Glaube heißt, wenn du glaubst ohne alles Wanken, Christus sei nicht allein Sankt Petro und den Heiligen ein solcher Mann, sondern auch *dir selbst*, ja dir selbst mehr denn allen anderen. Es liegt deine Seligkeit nicht darin, dass du glaubst, Christus sei den Frommen ein Christus, sondern dass er *dir* ein Christus und *dein* sei. Dieser Glaube macht, dass dir Christus lieblich gefällt und süß im Herzen schmeckt, da folgen nach Liebe und gute Werke ungezwungen.«[17]

Groß strahlt ein Spruch die Besucher Wittenbergs im Durchgang vom Collegium Augusteum zum Lutherhaus an, der Luthers Überzeugung fast noch schöner ausdrückt: »Niemand lasse den Glauben daran fahren, dass Gott an ihm eine große Tat will«. Aber auch dieser Spruch ist bei Luther in dieser Form nirgends nachweisbar.

Aus eigenem Erleben konnte Theodor Knolle 1959 etwas zur Genese des Spruchs mitteilen. 1909 erlebte er als Absolvent des Wittenberger Predigerseminars dessen Ausmalung. Verantwortlich für die Auswahl von mehreren aufzumalenden Sprüchen war Ephorus Karl Dunkmann. Er hat die Sprüche einer Sammlung von Lutherworten von Heinrich Lhotzky entnommen, bei dem das Wort hieß: »Niemand lasse den Glauben daran fahren, dass Gott durch ihn [den Menschen] eine große Tat will.« In dieser Form fand das Wort Verbreitung, ursprünglich auch am Balken des Predigerseminars.

Der nachfolgende Ephorus Julius Jordan hat das »durch ihn« ersetzen lassen durch »an ihm«. Das erfasst Luthers Intentionen in der Tat besser, weil es klarer macht, dass nur Gott der Handelnde und Gebende ist und der Mensch immer der Empfangende. In seiner Bibelübersetzung hat der Reformator die Worte der Gottesmutter Maria seit dem

September-Testament 1522 so übersetzt: »Denn er hat große Dinge an mir getan« (Lukas 1, 49).

Lhotzky benannte als Quelle für seinen Spruch Luthers berühmte Auslegung des Magnificats, des Lobgesangs der Maria. Luther hatte es vor und nach dem Wormser Reichstag 1521 als seelsorgerliche Beratung für seinen Kurfürsten verfasst. Dort ist von großen Taten Gottes an jedem einzelnen Menschen ausführlich die Rede: »Das Wörtlein Magnificat bedeutet ›groß machen‹, ›erheben‹ und ›viel von ihm halten‹, als von dem [Gott], der große und viele und gute Dinge vermöge, wisse und wolle tun … also zeigt sie [Maria] auch mit diesem Wort an, wovon ihr Lobgesang

lauten soll, nämlich von großen Taten und Werken Gottes, zu stärken unseren Glauben, zu trösten alle Geringen und zu schrecken alle hohen Menschen auf Erden … Nun mag's nicht sein, dass jemand erschrecke oder sich tröste aus solchen großen Taten Gottes: Es sei denn, dass er nicht allein glaube, Gott *vermöge und wisse,* große Tat zu tun, sondern muss auch glauben, dass er *wolle* also tun und *eine Liebe habe,* solches zu tun. Ja, es ist auch nicht genug, dass du glaubst, er wolle *mit andern und nicht mit dir* große Tat tun… Denn solcher Glaube ist nichts und gar tot, gleich einem Wahn von einer Fabel empfangen, sondern du musst ohne alles Wanken, ohne alles Zweifeln seinen Willen über dich dir vorbilden, dass du fest glaubest, er werde und wolle *auch mit dir* große Dinge tun …«[18]

Der Spruch im Predigerseminar war irgendwann nach 1945 übermalt worden. Es war das Verdienst des damaligen Studienleiters Friedrich Schorlemmer, dass dieser schöne und wahre Spruch anlässlich des Lutherjubiläums 1983 wieder aufgemalt worden ist.

5. »Wenn ich wüsste, dass morgen die Welt unterginge« – Schöpfung und Jüngster Tag

Seit Menschengedenken wurden Bäume in allen Kulturkreisen mythologisch verklärt. In allen Religionen wurden Bäume entweder zu Gaben, Offenbarungswerkzeugen oder Symbolen von Göttern. Auch im Alten Testament wurden Bäume, vor allem Zedern und Eichen, zu Elementen mythologischer Vorstellungen.

Große Bedeutung erlangten Bäume auch im später von den Reformatoren kritisierten mittelalterlichen Kirchenwesen. Die Zunahme von heiligen Stätten und Wallfahrten wurde häufig mit Bäumen verbunden, worüber 1540 der Lutheranhänger Friedrich Myconius berichtete: »Und es war beinahe kein Berg, kein Pfuhl, kein Grund, kein Tal, kein Wald, endlich auch Eiche, Weide oder Buche, zu denen man nicht eine Wallfahrt machte.«[19]

Für Luther war die Natur, vor allem Bäume, als Gottes Schöpfung ein Sinnbild für die göttliche Gnade schon im irdischen Leben: »Die ganze Kreatur ist das schönste Buch oder Bibel, in denen Gott sich selbst beschrieben und abgemalt hat.«[20]

Bereits eine wichtige Weichenstellung für seine zukünftige Entwicklung verband der Reformator in der Erinnerung mit einem Birnbaum. Wohl kurz nach der Reise nach Rom, die nach neuesten Forschungen nicht 1510/11, sondern im Herbst/Winter 1511/12 stattfand, war der junge Mönch in Wittenberg längere Zeit mit seinem verehrten Lehrer und Vikar der deutschen Augustiner-Eremiten, Johann von Staupitz, zusammen. Als Luther wieder einmal an Gott verzweifelte, forderte ihn Staupitz in einem Gespräch unter dem Birnbaum im Klosterhof auf, sich zum Doktor der Theologie promovieren zu lassen, damit er etwas zu schaffen bekomme. Hinter dieser Erinnerung

Luthers steckt die Rezeption einer Heiligenlegende: In Rom erlitt St. Augustinus, der Namensgeber von Luthers Orden, nach einer Predigt seines Freundes und Vorbildes Ambrosius schwere Anfechtungen, warf sich unter einen Feigenbaum und beklagte seine vermeintliche Verworfenheit. Da hörte er eine Stimme: »Nimm und lies!«, schlug die Heilige Schrift auf und fand im Römerbrief des Apostels Paulus (Römer 13, 13) einen befreienden Hinweis auf Christus. Daraufhin seien auf einmal alle Nebel des Zweifels von seinem Geiste gewichen.

Auch in späteren Jahren begeisterte sich der Reformator am Wachsen und Gedeihen der Bäume. Zuweilen verrichtete er sogar selbst Gartenarbeit und pflegte auch exotische Fruchtbäume wie Feigen-, Maulbeer- und Pfirsichbäume. Die Pracht und Fülle des Waldes verglich Luther mit der Heiligen Schrift. Im Februar 1539 pfropfte er selbst seine Bäume; dass sich der Stamm nach den kleinen Zweigen richtete und nicht umgekehrt, betrachtete er als Wunderwerk Gottes. Das Blühen und Grünen der Bäume in jedem Frühjahr sei ein Sinnbild für die Auferstehung der Toten am Jüngsten Tag.

Mit vielen kritischen Zeitgenossen teilte Martin Luther bereits sehr früh die Überzeugung, in der Endzeit vor der Errichtung des Gottesreiches zu leben. In einem Predigtzyklus Ende 1517 äußerte er: »Wie schrecklich wird dieser Tag des Herrn sein. Die Sonne wird sich in Finsternis und in Blut verwandeln, und das ist auch schon öfters der Fall gewesen, aber nur wenige sind es, die sich um so etwas bekümmern … Daher steht zu befürchten, dass jener letzte, schreckliche Tag näher ist, als wir selber glauben. Die Zeichen mehren sich!«

Oft predigte Luther am zweiten Adventssonntag anhand des Lukasevangeliums über den Jüngsten Tag und seine Anzeichen. Jesus gibt seinen Anhängern folgendes Gleichnis: So wie das Ausschlagen des Feigenbaums und aller anderen Bäume ein Anzeichen des nahenden Sommers sei, wären die Zeichen des Jüngsten Tages, wie die Verdunklung der Gestirne, große Naturkatastrophen oder die Verfolgung der Christen, Vorboten des Anbruchs des Gottesreichs (Lukas 21, 25-36). Luther legte diese Verse in einer Hauspredigt am 6. Dezember 1534 so aus: »Unser Herrgott hat den Jüngsten Tag nicht allein in die Bücher, sondern auch in die Bäume hinein geschrieben, damit wir, so oft wir die Bäume im Lenz ausschlagen sehen, stets an dieses

Gleichnis und an den Tag des Herrn denken. Die Blätter an den Bäumen zeigen nicht den Winter an, dass es frieren, schneien und kalt werden soll, sondern zeigen die fröhliche Zeit an, nämlich den Lenz und den Sommer.«[21]

Knapp zwei Jahre vor seinem Tode beschreibt Luther in einer seiner lebendigsten und bildreichsten Predigten die Hoffnung auf die Auferstehung am Jüngsten Tage. Als lebendiges Beispiel für Tod und Auferstehung dient Luther der Kirschbaum im Jahreslauf: »Geh hin zum Kirschbaum, greif um Weihnachten sein Reislein an, so findest du an dem ganzen Baum kein grünes Blättlein, keinen Saft noch Leben, sondern du findest einen dürren kahlen Baum, der lauter totes Holz hat. Kommst du aber nach Ostern wieder, so beginnt der Kirschbaum wieder lebendig zu werden. Das Holz ist saftig und die Reislein gewinnen Äuglein und Knötlein. Näher zu Pfingsten werden aus den Äuglein Sträuchlein. Die tun sich auf, und aus dem Sträuchlein kommen weiße Blümlein. Wenn sich das Blümlein auftut, so siehst du ein Stielchen. Aus dem Stielchen kommt ein Kern, der härter ist als der Baum. Inwendig im harten Kern wächst ein anderer Kern, nicht so hart wie der erste Kern, sondern etwas weicher, damit er zum Essen dienen kann, so wie das Mark im Knochen wächst. Außen, um den harten Kern ringsherum, wächst die mit einer Haut überzogene Kirsche, wie Fleisch und Knochen wachsen und mit Haut umgeben sind. Die Kirsche wächst so fein lustig rund, dass sie kein Drechsler so rund machen kann … Ist das nicht ein wunderbares Geschöpf Gottes? Keine Kreatur kann solch ein Geschöpf so machen. Kein Mensch, kein König, wie mächtig er auch sei, kein Doktor, wie gelehrt, weise und klug er sei, kann ein einziges Kirschlein schaffen.«[22]

Bis heute wird Luther gelegentlich der Spruch zugeschrieben: »Wenn ich wüsste, dass morgen die Welt unterginge, würde ich heute noch ein Apfelbäumchen pflanzen.« Er hat wohl seinen Ursprung in solchen metaphorischen Vergleichen. Nichtsdestoweniger wurde der Spruch dem Reformator aber erst in der schwierigen, zwischen Verzweiflung und Hoffnung schwankenden Situation zu Ende des Zweiten Weltkrieges in den Mund gelegt, Der erste schriftliche Nachweis des Spruches findet sich 1944. Nach dem Kriege wurde der Spruch durch eine Postkarte aus Leipzig verbreitet. Er bediente hinfort sowohl apokalyptische Befürchtungen angesichts atomarer Bewaffnung und Kaltem Kriege als auch angesichts der Umweltzerstörungen. Seit 1950 bedienten sich Redner des Spruches auf Großveranstaltungen. Erinnert sei auch an Hoimar von Ditfurths Buch »So lasst uns denn ein Apfelbäumchen pflanzen: es ist soweit«.

Eine mögliche Quelle des unechten Lutherworts führte Theodor Knolle 1959 an. Der württembergische Pietist Johann Albrecht Bengel (1687-1752) hatte in prophetischer Auslegung der Johannes-Apokalypse den Beginn der Errichtung des Gottesreiches für die Zeit um 1836 vorausgesagt. Als das Jahr nun heranrückte, haben einige seiner Anhänger sich darauf vorbereitet, indem sie nicht mehr heirateten und sogar nicht mehr arbeiteten. Dagegen wandte ein anderes Mitglied der Gemeinschaft ein: »Brüder, wenn ich gewiss weiß, dass der Heiland kommt und ich habe noch einen Baum zu setzen, so setze ich ihn zuvor, und wenn eine Dachplatte fehlt, so muss sie noch ergänzt werden.« Eine ähnliche Tendenz zeigt sich in einem anderen Bericht über die gleiche Württemberger religiöse Gemeinschaft. Als ein Kind den Vater fragte, warum er angesichts des bevorstehenden Erscheinens des Antichrists noch die Gartenarbeit fortsetze, antwortete dieser: »Ja Kind, und wenn wir wüssten, der Antichrist komme schon morgen, müssten wir doch heute noch fleißig arbeiten. Der liebe Gott verlangt von uns Treue und dass wir im Schweiße des Angesichts unser Brot essen.«

Dass die einen die Wiederkunft Christi erwarteten, während die anderen das Erscheinen des Antichristen befürchteten, liegt daran, dass die im Christentum seit jeher kontroverse Deutung des endzeitlichen Geschehens offenbar auch in den pietistischen Gemeinden umstritten war.

6. »Wer nicht liebt Wein, Weib und Gesang« –

Genuss und Lebensfreude

1775 ließ der Dichter Matthias Claudius im von ihm herausgegebenen »Wandsbecker Boten« folgenden Reim veröffentlichen:

Dir wünsch ich Wein und Mädchenkuss
Und deinem Klepper Pegasus
Die Krippe stets voll Futter!
Wer nicht liebt Wein, Weib und Gesang,
Der bleibt ein Narr sein Leben lang,
Sagt Doktor Martin Luther.

Der Dichter Johann Heinrich Voss wiederholte den Reim 1777 in seinem »Musenalmanach«. Von dort ging er als Ausspruch Luthers in die Literatur ein. Johann Gottfried Herder, Heinrich Hoffmann von Fallersleben, Ernst Moritz Arndt und viele andere zitierten ihn. Ältere Überlieferungen jedoch muss es in der Tat gegeben haben, da bereits Claudius den Reim als Lutherspruch bezeichnete. Die dichterische Kombination von Frauen, Trinken und

Gesang ist so alt wie die Schriftkultur und findet sich unter anderem in der Bibel (Jesus Sirach 40, 20), in den Dunkelmännerbriefen von 1517, einem Gedicht von Valentin Hausmann aus dem Jahre 1597 und natürlich in den Vagantenliedern, die aus Italien und Frankreich im Mittelalter auch nach Deutschland eindrangen. Aber es gibt sogar ein Vorbild für den Reim Gesang – Leben lang, und zwar in Jost Ammans Kartenspielbuch von 1588. Dort heißt es: »Wer da verspott' der Musik Gesang, der bleibt ein Narr sein Leben lang.« Möglicherweise hat der Texter Janus Heinricus Schröter aus Güstrow, ein gekrönter Dichter, den älteren Spruch »Wein, Weib und Gesang« verkürzt, da diese Form nicht gut zu Ammans Bildvorlage gepasst hätte. Dessen Kartenbilder wurden auch als wirkliche Spielkarten gedruckt, was dem Spruch eine weite Verbreitung gesichert haben wird. Unklar bleibt, ob dem Reformator der Spruch bekannt war, und wann er erstmals mit seinem Namen in Verbindung gebracht worden ist. Immerhin gibt es eine Äußerung Luthers, in der er Trinken, Musik und Frauen in einem Atemzuge nennt, jedoch mit einem dem Spruch entgegengesetzten Inhalt: »Man muss ja einem jeden Lande seine Gebrechen zugute halten. Die Böhmen fressen, die Wenden stehlen, die Deutschen saufen getrost. Denn … wie wollt ihr jetzt einen Deutschen übertreffen, es sei denn im Trinken, besonders einen solchen, der die Musik und die Frauen nicht liebt.«[23]

Luther konnte auch ein sehr lebensfroher Mensch sein, der »Wein, Weib und Gesang« in der Tat liebte. Der Genuss von Gottes guten Gaben sei ein probates Mittel gegen die Anfechtungen des Teufels, der durch Traurigkeit, Zweifel und Verzweiflung die Gläubigen vom Vertrauen auf Christus abspenstig machen wolle. In einem Brief an seinen Freund Hieronymus Weller, der oft von Depressionen heimgesucht wurde, hat Luther alle seine Ratschläge zusammengefasst: »Mein teurer Hieronymus, Du musst fest dafür halten, dass diese Deine Anfechtung vom Teufel sei und dass Du deshalb so geplagt wirst, weil Du an Christus glaubst. Du musst Dir Mühe geben, dass Du diese vom Teufel eingegebenen Gedanken auf das stärkste verachtest. In dieser Art der Anfechtung und des Kampfes ist Verachtung die beste und leichteste Weise, den Teufel zu besiegen, und mache Dich daran, dass Du den Widersacher verlachst und jemanden aufsuchst, mit dem Du Dich unterhalten kannst. Die Einsamkeit musst Du auf jede Weise fliehen, denn dann sucht er Dich vornehmlich zu fangen und stellt Dir nach, wenn Du allein bist. Durch Verspotten und Verachten wird hier der Teufel überwunden, nicht durch Widerstehen und Disputieren. Daher musst Du Scherz und Spiele anstellen mit meiner Frau und den anderen, damit Du diese teuflischen Gedanken zunichte machst. Und so oft der Teufel Dich mit diesen Gedanken plagt, suche sofort die Unterredung mit Menschen, oder trinke etwas reichlicher, oder treibe Scherz und Possen, oder tue irgend etwas anderes Heiteres. Bisweilen muss man reichlicher trinken, spielen, scherzen und sogar irgend eine kleine Sünde tun aus Hass und Verachtung gegen den Teufel, damit wir ihm keine Gelegenheit lassen, uns wegen der allergeringsten Dinge Gewissen zu machen. Sonst werden wir besiegt, wenn wir allzu ängstlich Sorge tragen, wir möchten in etwas sündigen. Darum, wenn der Teufel einmal sagen sollte: ›Trinke ja nicht!‹, sollst du ihm so antworten: ›Aber vornehmlich deshalb will ich trinken, weil du es verbietest, und sogar reichlich trinken‹. So muss man immer das Gegenteil dessen tun, was der Satan verbietet. Was für eine andere Ursache meinst du, dass ich dafür habe, dass ich [den Wein] so unvermischt trinke, ganz frei schwatze, öfter esse, als dass ich den Teufel verspotte und plage, der sich angeschickt hatte, mich zu plagen und zu verspotten? Wollte Gott, ich könnte irgendeine treffliche Sünde begehen, nur um den Teufel zu verspotten.«[24]

Solche freimütigen Äußerungen zeigen uns Luthers Lebensfreude, gaben seinen Gegnern aber auch immer wieder Anlass, ihn als moralisch verkommenen Menschen, Säufer und Fresser, Hurenbock und geilen Mönch darzustellen.

Einen ähnlichen Rat zu sündigen hatte der Reformator bereits im August 1521 seinem Mitstreiter Philipp Melanchthon gegeben. In einem Brief von der Wartburg hatte er ihn aufgefordert: »Sei ein Sünder und sündige kräftig«. Natürlich war auch dieser Ausspruch für die Gegner Luthers ein schlagender Beweis, dass er eine Ausgeburt des Satans wäre. Sieht man sich jedoch den gesamten Text und seinen Kontext an, ergibt sich ein ganz anderer Zusammenhang: »Wenn Du ein Prediger der Gnade bist, so predige nicht eine erdichtete, sondern die wahre Gnade. Wenn die Gnade eine wahre ist, so musst Du auch eine wahre, nicht eine erdichtete Sünde tragen. Gott macht die nicht selig, die nur in erdichteter Weise Sünder sind. Sei ein Sünder und sündige kräftig, aber vertraue noch stärker und freue Dich in Christo, welcher der Sieger ist über die Sünde, den Tod und die Welt. Wir müssen sündigen, so lange wir hier sind; dieses Leben ist nicht eine Wohnung der Gerechtigkeit; wir warten aber, sagt Petrus [2 Petr 3, 13], eines neuen Himmels und einer neuen Erde, in welchen Gerechtigkeit wohnt. Es genügt, dass wir durch den Reichtum der Herrlichkeit Gottes das Lamm erkannt haben, welches die Sünde der Welt trägt; von dem wird uns keine Sünde hinweg reißen können, wenn wir auch tausendmal, tausendmal an einem Tage hurten oder töteten. Meinst Du, es sei ein geringer Preis und eine kleine Bezahlung für unsere Sünde gegeben durch ein solches und so großes Lamm? Bete stark, denn Du bist ein überaus starker Sünder.«[25]

Diese drastischen Worte hatten zwei wesentliche Hintergründe. Der erste war aktueller Art, die Wittenberger Bewegung: Während Luther nach dem Wormser Reichstag von seinem Kurfürsten auf die Wartburg »entführt« worden war und hier inkognito als Junker Jörg lebte, begannen seine Mitstreiter in Wittenberg mit praktischen Reformen, zunächst durchaus mit Einverständnis und brieflichen Ermunterungen des »Junker Jörg«. Melanchthon fand sich nun, gänzlich unfreiwillig, in der Rolle eines Führers dieser

Bewegung wieder. Als humanistischer Gelehrter hatte er aber häufig Zweifel, gelegentlich auch an eigenen Erkenntnissen; daher galt er als zögerlich und wankelmütig. Luthers Worte hatten also nur das Ziel, seinen Mitstreiter zu ermutigen.

Der zweite Hintergrund von Luthers Worten bestand in seiner Überzeugung, dass wir Menschen, gleich was wir tun oder lassen, immer Sünder sein müssen. Bereits 1516 hatte er an Georg Spenlein geschrieben: »Hüte Dich, je einmal nach solcher Maßlosigkeit zu trachten, dass Du vor Dir selbst kein Sünder mehr scheinen oder gar kein Sünder mehr sein willst. Denn Christus wohnt nur unter Sündern. Dazu kam er ja vom Himmel, wo er unter Gerechten wohnt.«[26]

Unausweichlich wird diese Überzeugung allein schon dann, wenn man folgenden Widerspruch bedenkt: Selbst wenn wir einem anderen Menschen etwas Gutes tun, sündigen wir trotzdem, weil wir ja diese gute Tat nun mit Sicherheit anderen vorenthalten, die sie vielleicht noch viel dringender bräuchten. Wenn wir also schon Sünder sein müssen – so Luther – sollten wir dabei aber im Vertrauen auf Christi Erlösungstat am Kreuz wenigstens tapfer und nicht ängstlich sein.

Zum »Wein«: Bier und Wein wusste der Reformator sehr zu schätzen. Salopp äußerte er einmal bei Tisch: »Kann mir unser Herrgott das schenken, dass ich ihn wohl [im Kloster] zwanzig Jahre gekreuzigt und gemartert habe mit Messhalten, so kann er mir das auch wohl zugute halten, dass ich bisweilen einen guten Trunk tue ihm zu Ehren, Gott gebe, die Welt lege es aus wie sie wolle.«[27] Von einer Reise schrieb er 1534 an seine Frau: »Da musst ich singen: trink ich nicht wohl, das ist mir leid, und täts so recht gerne, und gedacht: wie gut Wein und Bier hab ich daheim, dazu eine schöne Frau oder (sollt ich sagen) Herren. Und Du tätest wohl, dass Du mir herüberschickst den ganzen Keller voll meines Weins und eine Flasche Deines Biers, so schnell Du kannst. Sonst komme ich vor dem neuen Bier nicht wieder.«[28] Ja, in zwei Briefen an Käthe vom Juli 1540 teilt er sogar drastisch mit: »Ich fresse wie ein Böhme und saufe wie ein Deutscher.«[29]

Hauptgetränk im Hause war Dünnbier (Kofent) aus der alten Klosterbrauerei, die Luthers Frau Katharina weiterführte. Das war ein Erfrischungsgetränk für alle, auch für die Kinder. Täglich wurden ein bis zwei Liter getrunken, auch in Form von Biersuppe. Seinen Genuss nutzte Luther sogar als Beleg für seine Glaubenszuversicht. 1522 schleuderte er von der Kanzel seinen aktionistischen Wittenberger Anhängern entgegen: »Das [Evangelium] hat, wenn ich geschlafen habe, wenn ich wittenbergisch Bier mit meinem Philipp [Melanchthon] und mit [Nikolaus von] Amsdorf getrunken habe, [ohne menschliches Zutun] so viel getan, dass das Papsttum so schwach geworden ist, dass ihm noch nie ein Fürst oder Kaiser so viel geschadet hat.«[30] Daneben gab es auch Starkbier oder ein mittelstarkes Tischbier. Luther bevorzugte Torgauer, Naumburger und Einbecker

Bier. Für seinen Biergenuss nannte er drei Gründe: Für einen an Steinen Leidenden gäbe es kein besseres harntreibendes Mittel. Besonders das Naumburger Bier beschere ihm leichte Morgenstühle und außerdem sei Bier das beste Schlafmittel, vor allem für ältere Leute. Gelegentlich aber konnte Luther Bier auch entschieden ablehnen: »Ich habe oft den ersten Bierbrauer verflucht. Es wird mit dem Bier so viel Gerste verdorben, dass man ganz Deutschland (davon) erhalten möchte, und soll es also verderben, dass wir so schändliche Jauche daraus machen, welche wir danach an die Wand pissen.«[31] Viel lieber trank er Wein. Der sei gesegnet und habe positive Zeugnisse in der Heiligen Schrift. Der Wein aus dem eigenen Anbau war wohl etwas herb, so dass Luther über Geschenke südlicher Weine erfreut war. Seit 1525 taucht der Reformator auch mehrfach in den Stadtrechnungen als Schuldner von Weinrechnungen des Rats auf, vor allem von Veltliner und Malvasier.

Gelegentlich wurde in fröhlicher Runde wohl auch mal über den Durst getrunken. In einer Tischrede kündigt Luther humorvoll an: »Morgen muss ich eine Vorlesung über Noahs Trunkenheit halten. Heute Abend werde ich deshalb kräftig trinken, dass ich danach als Experte von dieser üblen Sache rede.«[32] Im April 1538 teilt uns der Reformator einen schönen Trinkspruch mit, angeblich von dem antiken griechischen König Alexander dem Großen: »Bist du voll, so leg dich nieder, steh auf und sauf herwieder, so treibt eine Voll[heit] die ander, das ist die Regel Alexander.«[33] Ein Trunk Rotwein war es auch, der dem

Reformator im Februar 1537 das Leben gerettet hat, da er geholfen habe, die Harnwege für den Abgang eines Nierensteins frei zu machen.

Für die Anwürfe von Luthers Gegnern, er sei ein wüster Säufer, gab es ein biblisches Vorbild: Jesus selbst wurde von seinen Feinden als Fresser und Weinsäufer verschrien (Matthäus 11, 19 und Lukas 7, 34). Dass die Deutschen unmäßige Trinker seien, galt seit dem Nürnberger Druck von Tacitus' »De Germania« 1473 in Europa als ausgemacht. Der Römer hatte die Liebe der Germanen zum Bier ausführlich beschrieben. Dieses Urteil wurde von Luthers Gegnern nun auf ihn selbst übertragen. Ein Mitarbeiter des Reformators hat aus seinem Munde ein angebliches Urteil des Papstes nach Kenntnisnahme der 95 Thesen überliefert: »Ein voller trunkener Deutscher hätte sie geschrieben; wenn er wieder nüchtern würde, so würde er anders gesinnt werden.«[34] Da er nicht anderen Sinnes wurde, musste er folglich immer betrunken sein. Der katholische Polemiker Johann Nas fasste die vielen böswilligen Verleumdungen schließlich in der lapidaren Bemerkung zusammen: »Große Gläser aussaufen ist der Lutherischen Wunderwerk.«[35]

Ein Tischgenosse des Reformators beschrieb folgende Anekdote, die sich 1540 in seiner Wohnstube abgespielt hat: Zum Abendessen hatte Luther Universitätsangehörige, darunter seinen Mitstreiter Johann Agricola, eingeladen. Nach dem Essen ließ der Reformator ein Weinglas mit drei aufgemalten Strichen bringen und es die Runde machen.

Als es schließlich zu Agricola kam, erklärte Luther das Glas. Der oberste Strich bedeute die Zehn Gebote, der zweite den Glauben, der dritte das Vaterunser und der Grund des Glases den Katechismus. Daraufhin trank der Reformator das Glas bis zur Neige aus, ließ es wieder vollschenken und gab es Agricola, der es nur bis zum ersten Strich zu leeren in der Lage war. Daraufhin habe Luther gesagt: »Ich wusste es vorhin wohl, dass Magister Eisleben [Agricola] wohl die Zehn Gebote schlucken könnte, aber den Glauben, das Vaterunser und den Katechismus würde er wohl zufrieden lassen, denn er hat auch Verwirrung angerichtet, dass man das Gesetz aus der Kirche aufs Rathaus tun soll.«[36] Ein Hintergrund dieser Anekdote war sicher, dass Agricola dafür bekannt war, gelegentlich einen Schluck über den Durst zu trinken. Jedoch ging es vor allem um den antinomistischen Streit zwischen Luther und seinem langjährigen Weggefährten seit 1537. Letzterer begann, jegliche Gültigkeit der Gesetze des Alten Testaments, also vor allem der Zehn Gebote, für Glauben und Leben der Christen abzulehnen. Der Streit spitzte sich schließlich 1540 so weit zu, dass Agricola Wittenberg verließ und als Hofprediger nach Berlin ging.

Diese Anekdote war natürlich für Luthers altgläubige Gegner ein gefundenes Fressen. Eine großformatige Abbildung des »Katechismusglases« erschien erstmals 1611. In antilutherischen Flugblättern aus den Jahren 1616 und 1618 wurde sie nachgedruckt. 1738 schließlich wurde die Begebenheit auf einem Holzschnitt bildlich dargestellt. Er erschien als Illustration in einem Werke aus der Feder eines katholischen Polemikers unter dem bezeichnenden Titel »Auserlesene Merkwürdigkeiten von alten und neuen theologischen Marktschreiern, Taschenspielern, Schleichern, Winkelpredigern, falschen Propheten, welche sich zu Christi Aposteln verstellen«. Für den Autor war die im Wortlaut berichtete Anekdote ein sicherer Beleg dafür, dass Luther ein unmäßiger Säufer gewesen und das Saufen geradezu der »Gottesdienst« der Lutherischen sei. Für das größte Wunder an dieser Wundergeschichte hielt der Autor, dass der Reformator sich bei dieser Gelegenheit nicht zu Tode gesoffen habe, da das Glas ein »ungeheurer Melkkübel« gewesen sein müsse, den er immerhin zweimal hintereinander ausgetrunken habe.

Zum Wein gehört der »Gesang«: Auch und besonders Musik verstand der Reformator als Mittel zur Stärkung des Glaubens, da sie fröhlich mache und den Teufel vertreibe: »Der Teufel ist ein trauriger Geist und macht traurige Leute, darum kann er Fröhlichkeit nicht leiden. Daher kommt's auch, dass er vor der Musika aufs Weiteste flieht! Er bleibt nicht, wenn man singt, sonderlich geistliche Lieder. Also linderte David dem Saul seine Anfechtung mit seiner Harfen, als ihn der Teufel plagte.«[37] Weiterhin: »Die Musika ist ein herrlich göttlich Geschenk. Ja, Musika ist aller Bewegung des menschlichen Herzens eine Regiererin. Nichts auf Erden ist kräftiger, die Traurigen fröhlich, die Fröhlichen traurig, die Verzagten herzhaftig zu machen, die Hoffärtigen zu Demut zu reizen, den Neid und Hass zu mindern, denn die Musik.«[38] An anderer Stelle forderte er auf: »Wenn ihr traurig seid und die Traurigkeit überhand nehmen will, so sprecht: ›Auf! Ich muss unserem Herrn Christus ein Lied spielen auf der Orgel … Denn die Schrift lehrt mich, dass er gern fröhlichen Gesang und Saitenspiel hört.‹ Und greift frisch in die Tasten und singt dazu, bis die Gedanken vergehen, wie es David und Elisäus [der Prophet Elisa] taten. Kommt der Teufel wieder und gibt euch eine Sorge oder traurige Gedanken ein, so wehrt euch frisch und sprecht: ›Teufel aus! Ich muss jetzt meinem Herrn Christus singen und spielen.‹«[39]

Vor allem dem deutschen Gemeindegesang in der Kirche maß der Reformator eine große Bedeutung zu. In der Vorrede zum Wittenberger Chorgesangbuch lobte der Reformator 1524 die Musik: »Dass geistliche Lieder zu singen gut und Gott wohlgefällig ist, denke ich, sei keinem Christen verborgen … Ich bin auch nicht der Meinung, dass durchs Evangelium sollten alle Künste zu Boden geschlagen werden und vergehen, wie etliche falsche Eiferer vorgeben, sondern ich möchte alle Künste, besonders die Musik, gerne sehen im Dienste dessen, der sie gegeben und geschaffen hat.«[40] In einer Gesangbuchvorrede ließ Luther die Frau Musica 1538 reimen:

Vor allen Freuden auf Erden
kann niemandem eine schönere werden,
denn die ich geb mit mei'm Singen
und mit manchem süßen Klingen.

Hier kann nicht sein ein böser Mut,
wo da singen Gesellen gut.
Hier bleibt kein Zorn, Zank, Hass noch Neid;
weichen muss alles Herzeleid.
Geiz, Sorg und was sonst hart anleit
fährt hin mit aller Traurigkeit.
Auch ist ein jeder des wohl frei,
dass solche Freud kein Sünde sei,
sondern auch Gott viel besser gefällt
denn alle Freud der ganzen Welt.
Dem Teufel sie sein Werk zerstört
und verhindert viel böser Mörd …[41]

Seit 1523 hatte Luther Texte zu deutschen Kirchenliedern geschrieben. Ein Höhepunkt in seinem musikalischen Schaffen war das nach dem Wittenberger Drucker Joseph Klug benannte »Klugsche Gesangbuch«, das zum Vorbild vieler nachfolgender Gesangbücher wurde. In seiner verschollenen ersten Auflage von 1529 war auch erstmals Luthers bekanntester, 1527 entstandener Choral »Ein feste Burg ist unser Gott« abgedruckt, eine Bearbeitung des 46. Psalms. Es war ein Trostlied für die Christenheit und den erneut angefochtenen Reformator selbst.

Luther erinnerte sich 1535 an die im Elternhaus von seiner Mutter oft gesungenen Liedzeilen »Mir und dir ist niemand hold, das ist unser beider Schuld«.[42] Wie der Reformator selbst in den Tischreden berichtete, hatte er sich in seiner Erfurter Studentenzeit mit dem Degen gefährlich am Bein verletzt und nutzte die Zeit der Gesundung zum Erlernen des Lautenspiels. Folglich wurde auch in seiner Familie gern und oft gesungen, auch wenn dabei, wie Luther augenzwinkernd mitteilte, gelegentlich »etliche Säue«, also falsch gesungene Noten, herauskamen.[43] Für den Februar 1525, also noch vor Luthers Hochzeit, ist eine musikalische Aufführung in Luthers Wittenberger Wohnhaus überliefert. Am Christfest wurden in der Familie Weihnachtslieder gesungen. In der Fastnachtszeit wurde das »Königreich« gefeiert, ein ursprünglich in den Kreis des Dreikönigstages gehörendes Fest, bei dem ein Festkönig gewählt, ein Festmahl eingenommen, biblische Texte rezitiert und geistliche Lieder gesungen wurden. Auch der Tauftag des Reformators, der 11. November, wurde regelmäßig festlich und fröhlich begangen. Gesungen wurde zu solchen Festen gerne mehrstimmig.

Zur Liebe zu den »Weibern«: Seit 1519 hatte sich Luther schrittweise zu der Auffassung durchgerungen, dass sowohl der seit dem 12. Jahrhundert verpflichtende Priesterzölibat als auch der Zölibat der Mönche und Nonnen widergöttlich sei. Seit 1521 heirateten daraufhin viele ehemalige Priester und Mönche, darunter prominente Freunde und Mitarbeiter Luthers. Er selbst aber wies die eigene Eheschließung noch Ende November 1524 in einem Brief an den kurfürstlichen Sekretär Spalatin zurück: »So wie es mir bisher ums Herz war und jetzt ist, wird es nicht geschehen, dass ich heirate; nicht weil ich mein Fleisch und Geschlecht nicht spürte, ich bin ja nicht aus Holz oder Stein. Aber mein Sinn steht nicht nach der Ehe, da ich täglich den Tod und die wohlverdiente Ketzerstrafe erwarte.«[44]

Die Nonnen im Zisterzienserinnenkloster Nimbschen bei Grimma hatten schon früh von Luthers Lehren erfahren. In der Nacht vom Ostersamstag zum Ostersonntag, also vom 4. auf den 5. April 1523, flohen zwölf von Ihnen. Luther selbst hatte mit einem Torgauer Bekannten die Flucht organisiert. Neun Nonnen fanden in Wittenberg Zuflucht. Eine von ihnen, die 1499 geborene Katharina von Bora, Tochter eines verarmten sächsischen Adligen, sollte später Luthers Frau werden. Zunächst lebte sie im Haushalt von Luthers Freund, dem Maler Lucas Cranach.

Den letzten Anstoß zur Hochzeit Luthers mit Katharina gab wohl eine kleine Kabale, die Katharina und Luthers Freund Nikolaus von Amsdorf gesponnen hatten: Als Katharina erfuhr, dass sie mit dem Universitätsrektor Kaspar Glatz, einem Geizhals und unangenehmen Zeitgenossen, verheiratet werden sollte, äußerte sie Amsdorf gegenüber: Wenn sie schon heiraten müsse, dann entweder ihn oder den Doktor Luther. Das hinterbrachte Amsdorf seinem Freunde, wobei diesem der letzte Groschen zum Entschluss, um Katharinas Hand anzuhalten, gefallen sein dürfte.

Am Abend des 13. Juni 1525 fand im Kloster die Trauung durch den Stadtpfarrer Johannes Bugenhagen statt. Der öffentliche Kirchgang und die Hochzeitsfeier im Rathaus folgten am 27. Juni.

Die Ehe der Luthers war liebevoll, partnerschaftlich und harmonisch. Bei Tisch pries er seine Frau: »Ich wollt meine Käthe nicht um Frankreich noch um Venedig dazu geben: zum ersten darum, dass mir sie Gott geschenkt hat und mich ihr gegeben hat; zum zweiten, dass ich oft erfahre, dass mehr Mängel in andern Frauen sind, denn in meiner Käthen – obschon sie auch etliche hat, so sind doch viel größere Tugenden dagegen; zum dritten, weil sie eheliche Treue hält. So soll umgekehrt auch die Frau über ihren Mann denken.«[45] An anderer Stelle schwärmte Luther: »Die höchste Gnade und Gabe Gottes ist's, ein fromm, freundlich, gottfürchtig und häuslich Gemahl haben, mit der du friedlich lebst, der du darfst all dein Gut und was du hast, ja deinen Leib und Leben, anvertrauen, mit der du Kinderlein zeugest… Käthe, du hast einen frommen Mann, der dich lieb hat; du bist eine Kaiserin. Ich danke Gott.«[46] Dass die Ehe auch schwere Aufgaben und Prüfungen bereithalten würde, war dem Reformator schon vor der Hochzeit klar. Im September 1522 hatte er – an die Ehemänner gerichtet – ein tiefes und geradezu modern anmutendes Verständnis für den Ehealltag entwickelt: »Nun siehe zu: Wenn die kluge Hure, die natürliche Vernunft, das eheliche Leben ansieht, so rümpft sie die Nase und spricht: ›Ach, sollte ich das Kind wiegen, die Windeln waschen, Betten machen, Gestank riechen, die Nacht wachen, beim Schreien für es sorgen, seinen Ausschlag und Geschwüre heilen, danach das Weib pflegen, sie ernähren, arbeiten, hier sorgen, da sorgen, hier tun, da tun, das leiden und dies leiden und was denn mehr an Unlust und Mühe der Ehestand lehrt. Ei, sollt ich so gefangen sein? O du elender, armer Mann, hast du ein Weib genommen, pfui, pfui des Jammers und der Unlust. Es ist besser, frei bleiben und ohne Sorge ein ruhiges Leben geführt‹ … Was sagt aber der christliche Glaube hierzu? Er tut seine Augen auf und siehet alle diese geringen, unangenehmen und verachteten Werke im Geist an und wird gewahr, dass sie alle mit göttlichem Wohlgefallen wie mit kostbarstem Gold und Edelsteinen geziert sind … Nun sage mir: Wenn ein Mann hinginge und wüsche die Windeln und täte sonst am Kinde ein verächtliches Werk und jedermann spottete seiner und hielte ihn für einen Maulaffen und Frauenmann, sofern er's täte in solchem obgesagten Sinn und christlichen Glauben: Lieber, sage, wer spottet hier des andern am feinsten? Gott lacht und freut sich mit allen Engeln und Kreaturen, nicht darüber, dass er die Windeln wäscht, sondern darüber, dass er's im Glauben tut. Jener Spötter aber, die nur das Werk sehen und den Glauben nicht sehen, spottet Gott mit aller Kreatur als der größten Narren auf Erden. Ja, sie spotten nur sich selbst und sind des Teufels Maulaffen mit ihrer Klugheit.«[47]

Katharina gebar sechs Kinder, von denen jedoch zwei schon im Kindesalter starben. Als 1542 Luthers dreizehnjährige Tochter Magadalene in seinen Armen starb, übermannte ihn unermesslicher Schmerz. Trotz der Einsicht, dass es Gottes Wille gewesen sei, schüttelte ihn am Grabe ein Weinkrampf. Groß wurden drei Söhne und eine Tochter.

Luthers Frau organisierte nicht nur den eigentlichen Haushalt, zu dem ständig zwischen 35 und 50 Personen gehörten. Zum Hausgarten erwarb Luther auf ihr Drängen noch sechs Gärten und landwirtschaftliche Güter, die Katharina selbständig als »mittelständisches Unternehmen« betrieb. Luthers Frau war selbstbewusst und resolut. Die Hausfinanzen lagen ganz in ihrer Hand. Luther akzeptierte das und nannte Katharina in Briefen gelegentlich »meinen lieben Herrn Käthe«. Gelegentlich wird – wie in jeder guten Beziehung – der Haussegen auch mal schief gehangen haben. Darauf deuten zwei Äußerungen Luthers bei Tische hin: »Es gehet in der Ehe nicht allzeit schnurgleich zu, ist ein zufällig Ding; dessen muss man sich ergeben! Adam und Eva werden sich gar weidlich neunhundert Jahre gescholten haben und Eva zu Adam gesagt haben: ›Du hast den Apfel gefressen!‹ Wiederum wird Adam geantwortet haben: ›Warum hast du ihn mir gegeben?‹ Denn sie werden in so einer langen Zeit ihres Lebens ohne Zweifel viel Böses und viel Unglücks mit Herzeleid und Seufzen in ihrem Ehestande gesehen haben.«[48] Infolge eigener Erfahrungen stöhnte Luther einmal auf: »Wenn ich noch einmal heiraten müsste, wollte ich mir ein gehorsames Weibe aus einem Stein hauen, sonst hab ich verzweifelt an aller Frauen Ungehorsam.«[49]

Luther selbst hatte die Eile der Hochzeit am 21. Juni 1525 gegenüber Amsdorf mit der sonst drohenden Gefahr von böswilligen Gerüchten begründet. Aber das »aufgeregte Geschwätz« folgte auf dem Fuße: Die Trauung eines ehemaligen Mönchs mit einer ehemaligen Nonne wurde selbst von engsten Gefährten mit Skepsis und Beunruhi-

gung, ja teilweise offener Ablehnung betrachtet. Der Jurist Hieronymus Schurff, Luthers Rechtsbeistand auf dem Wormser Reichstag, befürchtete, wenn Luther heirate, würde die ganze Welt und der Teufel lachen und der Reformator sein gesamtes Werk zerstören. Luthers engster Mitarbeiter, Philipp Melanchthon, klagte drei Tage nach der Hochzeit einem Freunde, Luther habe geheiratet, ohne einen einzigen seiner Freunde vorher zu informieren. Er sei darüber verwundert, »dass in dieser unseligen Zeit, in der die Guten überall so schwer leiden, dieser Mann nicht mit leidet, sondern vielmehr, wie es scheint, schwelgt und seinen guten Ruf kompromittiert, wo Deutschland seines
62 Geistes und seiner Autorität ganz besonders bedarf«[50]. Das war ein Fingerzeig auf den immer noch tobenden Bauernkrieg, der den Evangelischen schon genug zu schaffen machte. Luther – so Melanchthon – sei zu gutmütig, weshalb es die Nonnen erfolgreich verstanden hätten, ihn zu umgarnen. Vielleicht habe dieser Umgang mit den Nonnen ihn verweichlicht und entflammt. Das Gerücht, dass Luther schon vor der Ehe mit Katharina geschlafen habe, wies der Freund als offenkundige Lüge zurück. Wenigstens sei zu hoffen, dass die Hochzeit Luther würdevoller mache und dass er dadurch die beklagenswerte Possenreißerei ablege. Jedenfalls sei es gottlos, wegen eines Fehltrittes des Lehrers die Lehre zu verurteilen.

Gänzlich unbegründet waren solche Ängste nicht, denn es hagelte natürlich sofort hämische oder hasserfüllte Bemerkungen und Urteile aus den Reihen von Luthers erklärten Gegnern. Der Reformator hatte das vorausgesehen. In der Hochzeitseinladung an die Mansfelder Räte vom 15. Juni 1525 begründete er seinen Schritt: Er wolle beweisen, dass er nichts von seinem »vorigen papistischen Leben« behalten habe und damit seine Feinde »noch toller und törichter« machen. Auch das sollte eintreten. Genüsslich wurden, beispielsweise auch von Erasmus von Rotterdam, Gerüchte kolportiert, Luther hätte schon vor der Hochzeit sexuelle Beziehungen zu Frauen gehabt und Katharina schon vor der Hochzeit geschwängert. Luthers erklärte Gegner begannen bereits 1522 zu behaupten, der Mönch habe die ganze Reformation nur angefangen, um das Ausleben seiner »niederen« Instinkte und Bedürfnisse zu legitimieren. Nach der Hochzeit erhob pikanterweise ausgerechnet König Heinrich VIII. von England, der ob seiner zahlreichen Eheschließungen berüchtigt werden sollte, die Beschuldigung, Luther habe die Reformation nur aus Geilheit begonnen. Die Leipziger Magister Johannes Hasenberg und Joachim von der Heyde ließen 1528 Sendschreiben drucken und sie Luther ins Haus bringen. Von der Heyde beschuldigte Katharina, schon vor der Hochzeit mit Luther »in schnöder und öffentlicher Unzucht« gelebt zu haben. 1577 erweiterte der Französische Kapuziner Noël Taillepied das noch zu der Behauptung, Katharina sei vor ihrer Hochzeit eine stadtbekannte Wittenberger Studentenhure gewesen.

Angesichts all dieser Verleumdungen ist es nur folgerichtig, dass Luthers Feinde ihm nicht nur einen vorehelichen, sondern auch einen außerehelich gezeugten Sohn »Andreas« andichteten. Der katholische Kontroverstheologe Nikolaus Weislinger behauptete 1726, der Reformator sei, unter dem Vorwand, seine Vorlesungen mit Spalatin absprechen zu wollen, »nächtlicher Weile aus dem Kloster hin und wieder spatzmausen gegangen bei einer Wittfrauen Tochter«. In einem Punkte hatte Weislinger recht: Luther sprach tatsächlich in einer Tischrede von seinem »jungen Sohn« Andreas. Nur war dieser nicht Luthers leiblicher Sohn, sondern sein Neffe Andreas Kaufmann, der Sohn seiner Schwester.

7. »In der Woche zwier« –
Frauen und Sexualität

Bereits 1519 hat Luther betont, dass Sexualität und Ehe Elemente der göttlichen Schöpfungsordnung sind. Mithin gewinnen sie hohe Bedeutung für die Frömmigkeit, ja sie werden geradezu ein Teil der Arena, in der die Auseinandersetzung zwischen Gott und Teufel stattfindet. Ausgangspunkt für den Reformator ist die Schöpfungsgeschichte: »Darum wird ein Mann seinen Vater und Mutter lassen, und an seinem Weibe hangen, und sie werden sein ein Fleisch« (1 Mose 2, 24). Daher sind alle dagegen gerichteten menschlichen moralischen Vorschriften oder gar Gesetze letztendlich teuflisch, auch Priester, Mönchs- und Nonnenzölibat.

Im September 1522 fasste Luther seine neuen Auffassungen in der Schrift »Vom ehelichen Leben« zusammen: Der Geschlechtstrieb sei den Menschen von Gott eingepflanzt. Seine Unterdrückung bringe Hurerei, Ehebruch und Selbstbefriedigung hervor: »Denn dieses Wort, wo Gott spricht: ›Wachset und mehret euch!‹, ist nicht ein Gebot, sondern mehr als ein Gebot, nämlich ein göttliches

Werk, das zu verhindern oder zuzulassen nicht bei uns stehet; sondern es ist ebenso notwendig wie das, dass ich ein Mannsbild sei, und nötiger als Essen und Trinken, sich Reinigen und Stuhlgang haben, Schlafen und Wachen. Es ist eine eingepflanzte Natur und Art ebensosehr wie die Gliedmaßen, die dazu gehören. Darum, ebenso wie Gott niemandem gebietet, dass er Mann sei oder Weib, sondern schaffet, dass sie so sein müssen, so gebietet er auch nicht, sich zu mehren, sondern schafft, dass sie sich müssen mehren. Auch wenn man dem will wehren, da ist's dennoch nicht verhindert und gehet doch durch Hurerei, Ehebruch und stumme Sünde [Selbstbefriedigung] seinen Weg; denn es ist Natur und nicht Willkür darin.«[51]

Natürlich wissen wir kaum etwas über das Sexualleben der Eheleute Luther. Jedenfalls pausierte der frisch verheiratete Doktor mit Vorlesungen, Predigten und seiner Korrespondenz. Später äußerte er sich warm über die Flitterwochen, die er »Küssenwochen« nannte. An Amsdorf schrieb er in dieser Zeit: »Ich bin weder verliebt noch brenne ich, aber ich schätze die Gattin.«[52] Gelegentlich liest man, das sei ein Hinweis darauf, kein allzu stürmischer Liebhaber gewesen zu sein. Der Satz kann jedoch genauso gut als Schutzbehauptung gedeutet werden, um den Anwürfen seiner Gegner zu begegnen, er habe nur aus Geilheit geheiratet. Denn später in den Tischreden wurde Luthers Sprache sehr frei und ziemlich untheologisch: »So wenig man des Essens und Trinkens entbehren und geraten kann, so unmöglich ist es auch, sich von Weibern zu enthalten, denn wir durch natürliche Begierde allermaßen uns nicht davon äußern können. Ursache ist die, dass wir in der Weiber Leibe empfangen, darinnen ernähret, davon geboren, gesäugt und erzogen werden, also dass unser Fleisch das meiste Teil Weiberfleisch ist, und ist uns unmöglich, uns von ihnen ganz abzusondern.«[53] Offensichtlich hat er seine Sexualität genossen: »Eunuchen haben mehr Brunst als alle, denn die Begierde vergeht nicht durch die Beschneidung, sondern nur das Vermögen. Ich wollte mir lieber zwei Paar ansetzen, denn eines ausschneiden.«[54] Oder: »Desgleichen, wer hätte Gott diesen Rat gegeben, Männlein und Weiblein miteinander zu verbinden? Da gibt er dem Mann ein Weib, die hat zwei Zitzen auf der Brust und ein Löchlein zwischen den Beinen.«[55]

In diesen Kontext hätte auch sehr gut der angebliche Ausspruch Luthers gepasst »In der Woche zwier [zwei Mal Geschlechtsverkehr], macht im Jahre hundertvier, schadet weder mir noch dir.« – Allein, er findet sich nirgends in seinen überlieferten Schriften, auch nicht in den von ihm gesammelten Sprichwörtern.

In Wilhelm Wanders 1880 erschienenem fünften Band seines »Deutschen Sprichwörter-Lexikons« heißt der Spruch: »Die Woche zwier, der Weiber Gebühr, schadet weder mir noch dir, macht's Jahr einhundertundvier.« Wander führt die ältesten bis dato bekannten Nachweise auf, drei Sammlungen deutscher Sprichwörter. Als erster legte Wilhelm Körte 1837 dem Reformator den Spruch in den Mund. Josua Eiselein übernahm ihn 1840, und schließlich findet er sich 1846 bei Karl Simrock. Bei allen drei Autoren findet sich keine Quellenangabe. Wander zitiert auch aus einem 1841 erschienenen Buch über französische Sprichwörter eine der »Nation der Liebe« angemessene Variante: »Il faut se resveiller deux foys la nuit pour vendre le bien de sa femme« (Man muss zwei Mal *in der Nacht* aufwachen, um seiner Frau das ihr Gebührende zu geben). Ob es zwischen der deutschen und der französischen Variante Verbindungen in Form von Wanderungsbewegungen gegeben hat, bleibt herauszufinden. Ausgeschlossen ist es nicht, war doch gerade in den 1830er Jahren Paris ein beliebter Exilort deutscher Künstler. Erinnert sei an Heinrich Heine und Ludwig Börne.

Nur am Rande sei vermerkt, dass sich bei Luther in Anlehnung an Lukas 18, 9-14 mehrfach die Empfehlung findet, pro Woche »zwier«, also zwei Mal, eine andere Handlung vorzunehmen, nämlich zu fasten, beispielsweise in einer Predigt am 31. August 1522. Aber das ist ja als ziemliches Gegenteil des behandelten Ausspruchs wohl kaum als dessen Quelle zu vermuten.

8. »Warum rülpset und furzet ihr nicht?« –

die Magenwinde und der Teufel

Es geht also zunächst um das Essen, sodann darum, ob und wie man es verträgt. Bei Luther sind wir dann sofort bei seinen Krankheiten, und, da der Reformator auch diese für eine Plage des Teufels hielt, wieder einmal bei diesem selbst und wie man mit ihm fertig wird.

Käthes Äcker lieferten Luthers Tafel auch die meisten Speisen wie etwa Getreide und Hopfen, dazu Früchte wie Möhren, Pastinaken, Rapunzeln, Rettiche, Radieschen, Rüben, Kohl, Erbsen, Bohnen, Linsen, Lein und Hanf. In den Gärten gediehen Rettiche, Kürbisse, Melonen, Kohl, Äpfel, Birnen, Weintrauben, Kirschen, Pfirsiche, Quitten, Nüsse, Speierlinge (süßsaure apfel- oder birnenähnliche Früchte) und Mispeln, dazu Bohnen, Kräuter und Blumen, auf einem Grundstück sogar Wein. Es wurden auch Bienen gezüchtet. Das war wichtig, da Honig das einzig bekannte Süßungsmittel war.

1542 hatten die Luthers auch den größten Viehbesitz Wittenbergs: zehn Schweine, drei Ferkel, fünf Kühe, neun Kälber, eine Ziege, zwei Zicklein, mehrere Pferde, dazu

Hühner, Gänse und Enten. Die meisten Tiere wurden im Herbst geschlachtet, das Fleisch wurde geräuchert, gedörrt oder gepökelt. Durch einen der Gärten vor dem Elstertor floss der Faule Bach, der zu einem Fischteich aufgestaut wurde, um Hechte, Gründlinge, Forellen, Kaulbarsche und Karpfen zu züchten und zu fangen. Frische Süßwasserfische waren sehr teuer. Luther selbst plädierte immer wieder für einfaches und mäßiges Essen. Er aß gerne Pomeranzen, Pfirsiche, rohe Rüben, Kohl mit Speck sowie Brathering mit Erbsen und Senf. In seiner derb-offenen Sprache finden sich viele Äußerungen, die seine Freude an gutem Essen und Trinken belegen.

In einer Tischrede allerdings klagte Luther 1538: »Ich esse, was mir schmeckt, und leid danach, was ich kann.«[56] Und gelitten hat er beim oder nach dem Essen oft. Luthers Krankheiten wuchsen sich zu einem regelrechten Leidensweg aus. Es ist nicht verwunderlich, dass er auch diese Anfechtungen für ein besonders perfides Werk Satans hielt. Neben häufigen Kopfschmerzen, Schwindelanfällen, Ohrensausen, Harnkoliken, Gelenkbeschwerden, Bluthochdruck, der Gicht, Mittelohrentzündungen und Schwerhörigkeit litt er unter Angina Pectoris und immer wieder besonders unter Magen- und Darmbeschwerden. Oft klagte er über tagelange Verstopfungen und schmerzhafte Hämorrhoiden, auf der Wartburg wohl durch die schlackenarme und fettreiche »Ritterkost« verstärkt.

Hier kommt nun der weithin bekannte, schöne, drastische und trotzdem unechte Lutherspruch ins Spiel: »Warum rülpset und furzet ihr nicht, hat es euch nicht geschmecket?« In Luthers überlieferten Schriften und Tischreden findet er sich nirgends. Auch diese Worte dürften dem Reformator erst im Gefolge der Aufklärung, also im 18./19. Jahrhundert in den Mund gelegt worden sein. Möglicherweise aber waren sie im Hause Luthers zumindest bekannt, denn der Spruch findet sich, etwas abgewandelt, bereits im ältesten deutschen Kochbuch, dem »Buch von guter Speise«. In der Würzburger Pergamenthandschrift aus dem frühen 14. Jahrhundert (heute in der Münchener Universitätsbibliothek) empfiehlt man als Regel der Tischsitte: »Wenn es dir schmecket, lass hören ein Rülpsen und Furzen«. In der gleichen Handschrift findet sich ein humoristisches Rezept mit ähnlichem Zungenschlag:

Du sollst nehmen Binsen,
Liebstöckel und Minzen.
Das sind gute Würze
für die großen Fürze.

In anderen Zusammenhängen finden wir aber bei Luther in der Tat eine die Nach-Knigge-Generationen befremdende Fäkalsprache. Diese ist nun mitnichten ein Beleg für eine von modernen Psychoanalytikern vermutete Nichtüberwindung der analen Phase bei Luther und auch kein Beleg für sein vermeintlich primitives und grobianisches Wesen. Hingegen wurzelt diese Fäkalsprache in einer alten Tradition, die bis auf den Kirchenvater Augustin zurückgeht: Die Toilette sei ein beliebter Aufenthaltsort von

Dämonen und Teufeln, denen man am besten mit der höchstmöglichen Verachtung begegnet: Gestank gegen Gestank. In diesen Zusammenhang gehört auch Luthers Bemerkung, er habe seine reformatorische Entdeckung auf der Cloaca, also der Klostertoilette gehabt: Der Geist Christi wirke gerade dort am stärksten, wo die Macht des Teufels schier unüberwindlich erscheint. Bestätigt wird das auch durch einen von Luther in einer Tischrede von 1531 mitgeteilten Reim: Ein Mönch hält das erste Stundengebet auf der Latrine. Vom Teufel auf das vermeintlich Unrechtmäßige dieses Tuns angesprochen, antwortete der Mönch: »Ich reinige meine Därme und verehre Gott den Allmächtigen; dir gebührt, was nach unten weicht, dem Allmächtigen, was nach oben steigt.«[57] Weitere Beispiele aus den Tischreden unterstreichen das: »Alle Nacht, wenn ich erwache, so ist der Teufel da und will an mich mit dem Disputieren. Da habe ich erfahren, wenn das Argument nicht hilft ›Christus ist ohne Gesetz und über dem Gesetz‹ [also wenn theologische Argumente nicht ausreichen], so weise man ihn flugs mit einem Furz ab.«[58] Diesen Ratschlag hat Luther nicht nur gegeben, sondern auch praktiziert: »Auch missfällt Gott die Traurigkeit des Herzens … Das weiß ich zwar, aber ich werde wohl zehn Mal am Tag anders gesinnt. Und dennoch widerstehe ich dem Satan, jage ihn auch oft mit einem Furz hinweg.«[59]

Die »Entlarvung« mancher schöner »Luthersprüche« als unhistorisch und manch weitere Dekonstruktion von

Luthermythen mögen auf den Leser wie eine Entzauberung des großen Reformators wirken. Er erscheint dann bei genauerer Betrachtung zuweilen mehr als ein Fragender, Suchender und Getriebener, und weniger als ein unerschütterlicher und strahlender Held, der der Zeit seinen Stempel aufdrückte. Das macht Luther aber nicht kleiner, sondern menschlicher. Damit bestätigt sich an seiner eigenen Person seine Haupterkenntnis: Wir Menschen sind in unserem Denken und Handeln ausnahmslos auf Gottes Gnade angewiesen, oder anders ausgedrückt: Menschliches Leben bleibt immer Suchen, Fragment und Stückwerk, wozu auch Irrtümer und Niederlagen gehören. Aus dieser (Selbst)erkenntnis heraus konnte der Reformator einen Tag vor seinem Tod 1546 auf einem Zettel das Vermächtnis hinterlassen: »Die Hirtengedichte Vergils kann niemand verstehen, er sei denn fünf Jahre Hirte gewesen. Die Vergilschen Dichtungen über die Landwirtschaft kann niemand verstehen, er sei denn fünf Jahre Ackermann gewesen. Die Briefe Ciceros kann niemand verstehen, er habe denn 25 Jahre in einem großen Gemeinwesen sich bewegt. Die Heilige Schrift meine niemand genügend geschmeckt zu haben, er habe denn hundert Jahre lang mit Propheten wie Elias und Elisa, Johannes dem Täufer, Christus und den Aposteln die Gemeinden regiert. Versuche nicht diese göttliche Aeneis, sondern neige dich tief anbetend vor ihren Spuren! Wir sind Bettler, das ist wahr.«[60] Das sind nicht nur Sätze von tiefer Weisheit, sondern unzweifelhaft authentische Lutherworte!

Zitatnachweise

WA = D. Martin Luthers Werke. Kritische Gesamtausgabe, Bde. 1ff.,Weimar 1883ff.
WABr. = WA, Abteilung Briefwechsel
WATR = WA, Abteilung Tischreden

1 WA 18, S. 635, 17-21.
2 WA 4, S. 637, 40.
3 WATR 5, Nr. 5342 a, S. 65, 6f.; vgl. WABr. 2, Nr. 455, S. 455, 51-54.
4 WA 7, S. 876, 11 – S. 877, 6.
5 WA 19, S. 325, 29 – S. 326, 22.
6 WABr. 2, Nr. 455, S. 453-457.
7 WA 10/1, S. 62, 5f.
8 WATR 4, Nr. 4719, S. 447, 19.
9 WA 30/2, S. 637, 19-22.
10 WA 32, S. 302, 24-26.
11 WATR 2, Nr. 2643 b, S. 574, 23-32.
12 WATR 4, Nr. 4956, S. 592, 16-18.
13 WATR 4, Nr. 5171 b, S. 692, 12-21.
14 WABr. 5, Nr. 1628, S. 445, 2-21.
15 Mentz, Balthasar: Stambuch, Dorinnen vermeldet, wie das Königreich zu Sachsen ein Hertzogthumb worden, Wittenberg 1601, Bl. F1bf.
16 WA 10/3, S. 56, 2f.
17 WA 10/1 b, S. 24, 28 – S. 25, 6.
18 Vgl. WA 7, S. 553, 12-33.
19 Myconius, Friedrich: Geschichte der Reformation, hrsg. von Otto Clemen, Leipzig 1914, Reprint Gotha 1990, S. 8.
20 WA 48, 201, 5f.
21 WA 37, S. 616, 9-22; zit. in: Luther deutsch. Die Werke Martin Luthers in neuer Auswahl für die Gegenwart, hrsg. von Kurt Aland, 3. durchges. Aufl., Bd. 8, Göttingen 1983, S. 21.
22 WA 49, S. 431, 11-35.
23 WATR 3, Nr. 3476, S. 344, 22-25.
24 WABr. 5, Nr. 1670, S. 518-520.
25 WABr. 2, Nr. 424, S. 372, 84-93.
26 WABr. 1, Nr. 11, S. 35, 28-30.

27 WATR 1, Nr. 139, S. 60, 34-37.
28 WABr 7, Nr. 2130, S. 91,7-16.
29 WABr. 9, Nr. 3509, S. 168, 5f. ; vgl. ebenda, Nr. 3512, S. 174, 4f.
30 WA 10/3, S. 18, 15 – S. 19, 2.
31 WATR 2, Nr. 2716 a u. b, S. 613, 8-14.
32 WATR 3, Nr. 3476, S. 344, 19f.
33 WATR 3, Nr. 3804, S. 628, 23-25 u. S. 629, 15-19.
34 WATR 2, Nr. 2635 b, S. 567, 15f. u. 32f.
35 Zit. in Wolff, Eugen: Faust und Luther. Ein Beitrag zur Entstehung der Faust-Dichtung, Halle 1912, S. 83.
36 WATR 6, Nr. 6725, S. 147, 23-27.
37 WATR 1, Nr. 194, S. 86, 11-18.
38 WA 50, S. 370, 38 – S. 371, 25.
39 WABr. 7, Nr. 2139, S. 105, 26-33.
40 WA 35, S. 474, 2 – S. 475, 5.
41 Ebenda, S. 483, 17 – S. 484, 2.
42 Vgl. WA 38, S. 338, 5-7; WATR 4, Nr. 4640, S. 414, 6f.
43 Vgl. WABr. 7, Nr. 2172, S. 154, 9-12.
44 WABr. 3, Nr. 800, S. 394, 19-25.
45 WATR 1, Nr. 49, S. 17, 10-15.
46 WATR 2, Nr. 2506, S. 497, 16-21; vgl. WATR 1, Nr. 1110, S. 554, 23-26.
47 WA 10/2, S. 295, 16 – S. 297, 4.
48 WATR 3, Nr. 3675, S. 514, 4-14 u. S. 515, 6-12.
49 WATR 2, Nr. 2034, S. 300, 9-15.
50 Melanchthons Briefwechsel, Bd. T2, hrsg. von Heinz Scheible, Stuttgart-Bad Cannstatt 1995, S. 326, 8-11; zit. in: Bornkamm, Heinrich: Luther in der Mitte seines Lebens, Göttingen 1979, S. 361.
51 WA 10/2, S. 276, 21-31.
52 WABr. 3, Nr. 900, S. 541, 8.
53 WATR 6, Nr. 6905, S. 262, 3-8.
54 WATR 3, Nr. 2865 a, S. 38, 19-21; WATR 3, Nr. 2865 b, S. 38, 26-28.
55 WATR 3578 B, S. 425, 6-8.
56 WATR 3, Nr. 3757, S. 594, 18.
57 WATR 2, Nr. 2307, S. 413, 14-19.
58 WATR 1, Nr. 469, S. 204, 30 – S. 205, 1.
59 WATR 1, Nr. 122, S. 48, 6-11.
60 WA 48, S. 241.

Literaturauswahl

Bornkamm, Heinrich: Luther im Spiegel der deutschen Geistesgeschichte, 2. Aufl. Göttingen 1970.

Brückner, Wolfgang: Luther, heiliger Mann oder falscher Prophet? Legende und Antilegende zwischen 1517 und 1630, in: Mythen Europas: Schlüsselfiguren der Imagination. Renaissance, hrsg. von Christine Strobl u. Michael Neumann, Regensburg 2006, 37–57.

Fahrenkamp, Hans Jürgen: Wie man eyn teutsches Mannsbild bey Kräfften hält. Die vergessenen Küchengeheimnisse des Mittelalters, 2. Aufl. Kissing 1986.

Herte, Adolf: Das katholische Lutherbild im Bann der Lutherkommentare des Cochläus, 3 Bde., Münster 1943.

Joestel, Volkmar: »Hier stehe ich!« Luthermythen und ihre Schauplätze, hrsg. von der Stiftung Luthergedenkstätten in Sachsen-Anhalt, Dößel 2013.

Knolle, Theodor: Legendäre Lutherworte, in: Luther. Mitteilungen der Luthergesellschaft, 1959, H. 3, 114–120.

Lehmann, Hartmut: Protestantische Weltsichten. Transformationen seit dem 17. Jahrhundert, Göttingen 1998.

Ders.: Luthergedächtnis 1817–2017, Göttingen 2012.

Leppin, Volker: Von Sturmgewittern, Turmstuben und der Nuss der Theologie. Martin Luther (1483–1546) zwischen Legende und Wirklichkeit, in: Wittenberger Lebensläufe im Umbruch der Reformation, Wittenberg 2005, 11–27.

Luther, Johannes: Legenden um Luther, Berlin u. Leipzig 1933.

Lutherinszenierung und Reformationserinnerung, hrsg. von Stefan Laube und Karl-Heinz Fix, Leipzig 2002.

Luthers Sprichwörtersammlung, hrsg. von Ernst Thiele, Weimar 1900.

Martin Luther. Taschenausgabe, Auswahl in fünf Bänden, hrsg. von Horst Beintker, Helmar Junghans u. Hubert Kirchner, Bd. 3: Sakramente, Gottesdienst, Gemeindeordnung, 2. Aufl. 1983, 175–178.

Neumann, Hans-Joachim: Luthers Leiden. Die Krankheitsgeschichte des Reformators, Berlin 1995.

Reuschel, Karl: Lutherspuren in der neueren Volksüberlieferung, in: Thüringisch-Sächsische Zeitschrift für Geschichte und Kunst 2 (1912), 45–71.

Rhein, Stefan: »Mythos Luther«, oder wie sich das Nachleben vom Leben löst, in: Mythos. Dokumentation einer Veranstaltung der UNESCO-Stätten im Raum Dessau-Wittenberg, Calbe 2008, 30–37.

Schloemann, Martin: Luthers Apfelbäumchen? Ein Kapitel deutscher Mentalitätsgeschichte seit dem Zweiten Weltkrieg, Göttingen 1994.

Scribner, Robert W.: Religion und Kultur in Deutschland 1400–1800, hrsg. von Lyndal Roper, Göttingen 2002.

Volkserzählung und Reformation. Ein Handbuch zur Tradierung und Funktion von Erzählstoffen und Erzählliteratur im Protestantismus, hrsg. von Wolfgang Brückner, Berlin (West) 1974.